# 割烹　旬ごよみ

㐂川初代店主　上野修三
㐂川二代目店主　上野　修
玄斎店主　上野直哉

旭屋出版

浪速割烹
浪速割烹
浪速割烹

Tor road
Livings
Gallery
玄斎

# 継承

幼少のある時期、両親と私は店舗の二階で暮らしており、私は営業時間の殆どを独りで二階で過ごしておりました。

母からは階段の中程を指差しされ、「ここから降りてきたらアカンでぇ」と言われてましたが、その頃から自己規制の弱かった私は、禁止ラインを一時間に一段ずつ下げたり、行きたくもないトイレに行ったりと、何かしらチョロチョロとしておりました。

そんな私をあるクラブのママさんが、見つけてくれてはカウンターの隅っこに呼んでくれ、マッチを使って将棋倒しで遊んでくれたり、屋台の焼き芋屋の〝ピー〟が聞こえたら一緒に買いに連れてってくれたりと……。まぁ今思うと、そんな方を独り占めしたらナンボほど掛かることやら(笑)。


小学校時代、「将来の夢」ってな感じの作文で、

「おとうさんのつくるりょうりはニンジンをはなのかたちにむいたりしてとてもきれいです。にほんりょうりはむだなとこもあるかもしれませんが、ぼくもおとうさんみたいなりょうりをしたいです。」

といった内容を書いた記憶があります。

それを読んだ親父は、

「何が『無駄』なんや⁉」と即。小学生の私が剥き物の残りを捨てずに使うことなど考えるはずもないのに、そこをすかさず突っ込み。

「あれはちゃんと他で使うんや！」

今思えばその時が、大阪料理たるを初めて教えてもらった瞬間だったのかもしれませんねぇ。

ただ、私は父から強制された記憶はございません。長男だからと言って、「お前はあとを継がなアカンやろう」とか言われたことがなく、「まぁもしも、お前が跡を継いでくれたらワシャぁこんな嬉しいことはないがねぇ」と、やんわり……。

ちなみに弟の直哉にこの質問をしましたら返ってきた答えが同じようなモン。兄弟揃って、してヤられました。しかも同じ手口で。


ずっと親父の背中を見て育ってきましたが、いつまでたっても追いつかないどころか最近ますます引き離しに掛かっているようにさえ感じます。

２０１５年2月。

おかげさまで㐂川はようやく創業50周年を迎えることができました。

本書は、創始者の父と私ども兄弟の初めてのコラボレーション。記念碑であると共に、次の50年に向けての第一歩になってくれればと願っております。

親子兄弟とは言え三者三様。

表現は違えど同じ目標に向かっている我々を厳しくも暖かく見守って頂ければ幸いに存じ上げます。

最後に本書を発案してくれた弟・直哉に感謝致します。

浪速割烹 㐂川 二代目店主
上野 修

# 三人の今を刻むこと

生来の本嫌いとも言える私が、このところ何かにつけ料理書を読むようになりました。ただ料理書とはいっても、そのほとんどが写真もないような昭和初期以前の古書。

幼少の頃から、父の書斎には料理専門誌や歳時記、美術系の百科事典に交じって、日焼けした古書がびっしりと並び、そこには大阪の食や風俗の歴史について学ぶ父の姿が常にありました。いや、今日でも同じ光景です。

そういう環境に触発されて育ったわけでもないのですが、私は小学生の頃から、古美術品や仏像といった古びたものに魅力を感じるようになり、歴史を感じさせる佇まいを愛してきました。ただ、父が古書から何を読み解き、割烹店の主人という毎日の仕事にどう活かしてきたのかということまでは、子供の私に理解することができませんでした。しかし、当時の父の年齢を追い超そうとしている今の私には、やっとその意図が何となく理解できるようなった気がします。

古い料理書は、単なる懐古趣味に留まらず、現代人が気付かずにいた、その料理本来の目的を再認識させてくれるものであり、先人の智慧、延いては経験値が全てだった時代へと引き戻すことで得られる大切なものに気付かせてくれるものでもあります。

つまりは、長い年月を経ても、大事な部分は普遍的であり、何か新たな試みを始める時に、一度立ち返って物事を見返すために、古い書物から学ぶことは、ごく自然。そこには、全く古さを感じさせない前衛的なものから、当時の流行りを追い求めた刹那主義的に見えるものまで混在していて、これが現代の読み手にとって実に楽しいものなのです。

この度旭屋出版様から、私ども親子の料理本を上梓させていただく機会を頂きましたが、「𠮷川」創業の頃と比べると、食の環境は激変しています。地球環境の変化に合わせて、食材の種類、品質、量、旬などが昔の理論どおりではなくなり、生活スタイルの変化によって、好まれるものも変わってきました。

半世紀たった今に至るまで積み上げてきた父の料理と、その父を見て育ち、料理に対する理念は継承しながら、それぞれの路線を歩みつつある二人の息子が作る料理。その全てが現在進行形であり、本書掲載時点で切り取られた、まさにそれぞれの今の想いです。

また現代には、素晴らしい写真撮影技術があります。消えて無くなる運命である料理というものに、命を吹き込んで下さった写真家・南都礼子さんには、料理写真の師から受け継がれた普遍哲学に、現代的な美しさを添えた、ケレンのない料理写真を残していただきました。三人共々感謝に堪えません。

今、そして数十年後も、本書を手に取って下さった読者の方々に、何よりも気楽に読んでいただくことと、そしてできれば、当時における三人の「今」を感じ取ってもらえれば、なお幸せです。

玄斎店主
上野直哉

もくじ

※数字は、上段は写真、中段は食材と料理のエッセイ、下段は材料と作り方の各ページを示しています。

# 一品料理と酒肴

上野修三……84

## 春の一品料理



## 春の酒肴



## 夏の一品料理



## 夏の酒肴

# 季節の料理
# 創味帖

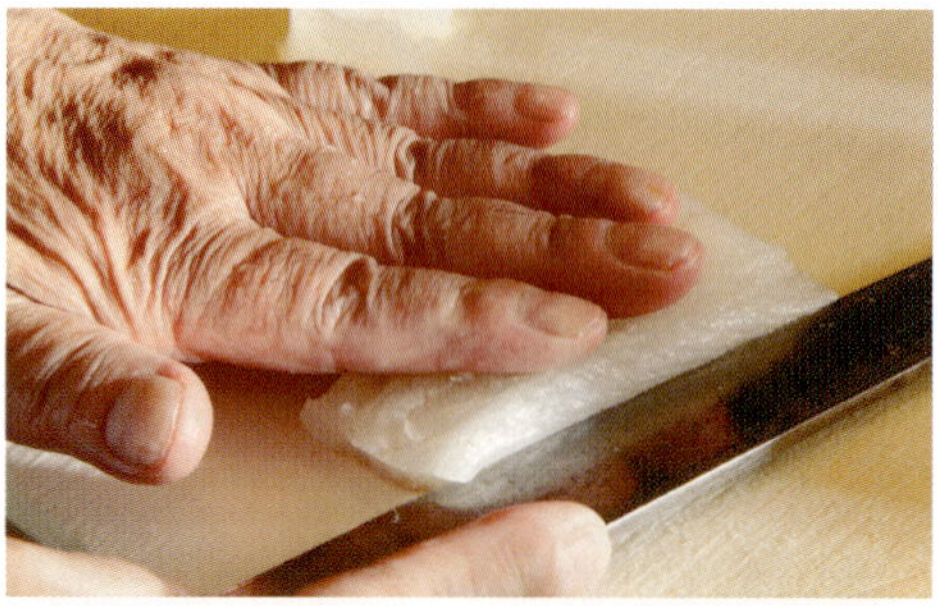

挿し絵　上野修三

# 春の料理

# 割烹旬味控 春

上野修三

冬枯れの木々や枯れ草の狭間に、わずかに緑が見えるようになる2月の初めの立春。冬の暗い沈黙を破って陽気が動き、万物が活動をはじめ、春がはじまる。草木も生きていたのである。やがて梅が咲き、桃、菜の花の3月から爛漫の桜の4月を経て、5月の初旬まで。この三か月を春と定めているが、自然界の草木にとっては待ちに待った芽吹きから一人前の青葉に染まるまでの基礎づくりの季《とき》である。その自然の営みをも待ちかねる人界では少しでも早くそして多くと田畑で作りはじめたのが野菜（蔬菜《そさい》）であるから、栽培法は限りなく自然に添った栽培が望ましいのであるが、当世では季を選ばず栽培することの多いことは残念である。魚介においても春の味といえば幼魚期から青年期までのものが多く、親魚達はここで一生を終えるもの、再び復活するものとに分かれるが、後者にとっても体

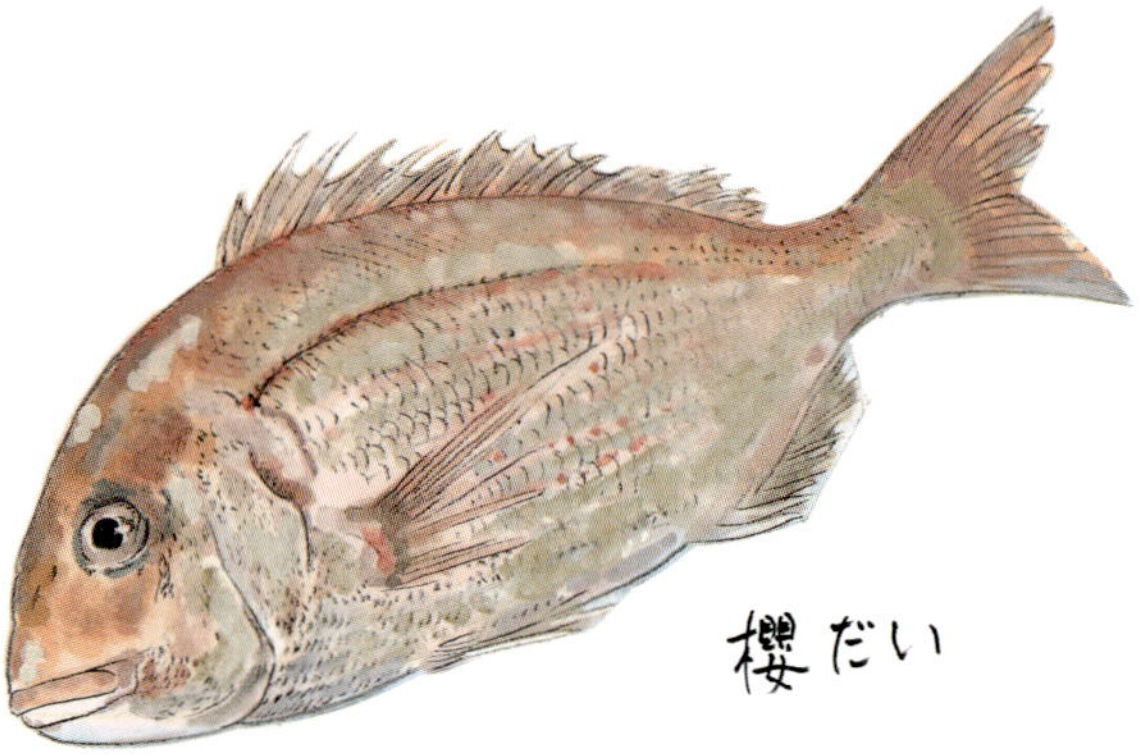

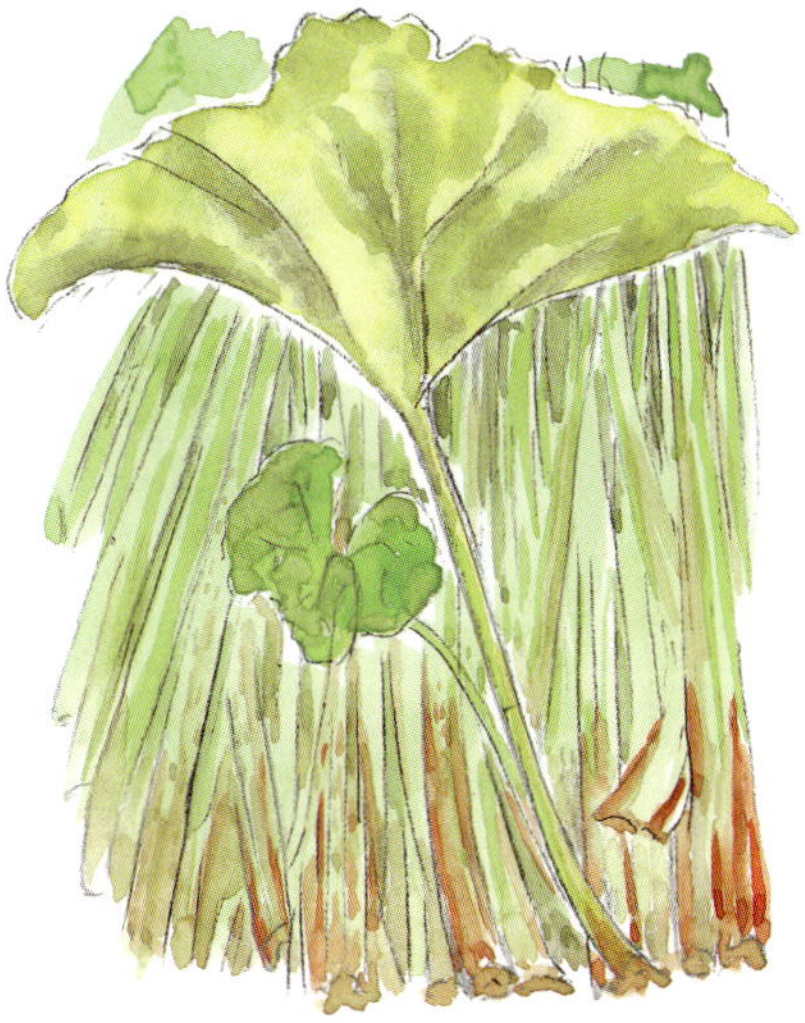

泉州水蕗

力を取り戻すまで約半年近く要するので、このあと鮞《はららご》※1を孕《はら》むまでが味覚の旬といっていいだろうが、魚介はおおむね春を産卵期とするが、鱧などは6月から8月、年魚の鮎は9月から10月と異なり、鱧など初夏に産卵したものが秋には再び味がのるのを大阪人は特に「秋鱧」として喜ぶのである。食用植物の場合は、「春は芽葉もの」が主となり、他は囲いものの根菜や穀物を上手に合わせて、魚介類では周年において味が変わらないとされる鯛も雄には使えるものもあるが生食には雌は避け、鮎並《あいなめ》や目張《めばる》、鰈など初夏の魚介との入れ替わりを楽しむのもいい。

※1　鮞＝産卵前の魚卵

天王寺蕪菜

泉州玉葱

木積の筍

うるい

天然うるい

# 上野修三

鯉の剝洗い　鯉の山吹造り
菖蒲うど　紅たで　山葵　芥子酢味噌　煎り酒
（エッセイ128ページ）

上野修三

山菜炊き
独活八方煮　筍の土佐煮　薇大原木巻
蕨・木ノ芽

（エッセイ 130ページ）

三色焼
桜鱒桜色酒粕焼　桜鱒木ノ芽田楽　桜鱒香味油泡雪焼
花びらうど
（エッセイ131ページ）

上野修三

桜ケ丘

若牛蒡の蝦豆腐寄せ

黄身揚牛蒡　雪の下　生姜おろし　天露

（エッセイ132ページ）

蕗ずし
泉州水蕗　焼穴子鮓飯　金糸玉子　桜麩の甘煮　木ノ芽
（エッセイ134ページ）

# 上野　修

貝塚早生と貝沙羅陀
片栗菜　二十日大根　春蘭
目箒味噌ドレッシング　梅肉ドレッシング

（エッセイ135ページ）

焼穴子とかしわの山菜鍋
川芹　浜防風　雁足　絹揚　独活　花山椒
（エッセイ137ページ）

上野 修

桜鯛と泉州筍
桜鯛の真子焼と白子焼
貝塚木積の朝掘筍の木ノ芽焼
独活の梅酢漬
（エッセイ 138ページ）

稚鮎の花独活巻揚
こしあぶら
（エッセイ 140ページ）

鮎並の蕗包飯
独活金平　はじかみ
（エッセイ 141ページ）

# 上野直哉

飯蛸の洗膾
生姜醤油　筍　雁足　浜防風
（エッセイ 143ページ）

碓井豌豆の豆乳豆腐　清汁仕立
筍　蕗　鞘巻海老　花弁独活　木の芽
（エッセイ144ページ）

上野直哉

鯛真子の牡丹煮　白子餡掛け
但東うど白煮　蚕豆　針生姜
（エッセイ 145ページ）

目板鰈の掻き餅揚と道明寺糒　銀餡掛け
花山椒　金漆芽新挽揚
（エッセイ 146ページ）

朝採り苺と桜花アイスクリーム
揚げ蓬麩　小豆
（エッセイ 148ページ）

# 調理に関わる言葉

上野修三

**【調理】**

（一）物事を整えること。

（二）食材を食べ物として調えること。

（二）の場合、太古では調味料が塩と塩漬梅の酢のみであったから『塩梅（あんばい）』が調味、調理の意味であった。

**【割烹】**

（一）元中国の熟語にて、食材を割《さ》いて烹《に》る意から調理（塩梅）することだが、我が国では調理場の見える椅子席で客と料理人が掛け合いのもとで好みの食べ物を作る料理屋を指す。

（二）割烹店は、食味本意の店。

**【料理】**

食べ物（普通料理という）のみにあらず、何事をも納得するように料《はか》り理《おさ》める、また、理にかなうよう判断実行する（理《ことわ》りを料《はか》る）意味であるが、現代では、食材を食べ物として調理した物（料理）のみに用いられている。

**【割鮮】**

古語にて「鮮（アラザケキ）ヲ割（サク）」と解し、生醋《なます》（鱠《なます》・膾《なます》）を作る意で、日本の熟語。太古ではナマスヲツクルことは日本料理を作る意であったようだ。

**【庖丁（包丁）】**

「庖」は厨房、「丁」は厨房で働く人。即ち調理人のことであり、元は中国の言葉のようであるが、日本でも食材を捌《さば》くことに重点が置かれ、その道具が「庖丁刀」であり、庖刀（厨刀《くりやかたな》）などと呼ばれ、単に「庖丁」と呼ばれる調理用刃物となった。

**【俎】**

かつて食材の魚介を「真魚《まな》（真菜）」と呼び、菜藻類を「粗菜《そな》」とし、真魚《まな》を切り捌く板が「真魚板《まないた》」、粗菜《そさい》を捌く板は「粗菜板《そないた》」と区別していたが、後に併用するようになり、「俎《まないた》」となる。

52ページにつづく

# 夏の料理

# 割烹旬味控

## 夏

上野修三

茶摘み唄に「夏も近づく八十八夜……」とあるように、後三日も経てば立夏であり、「野にも山にも若葉が繁る……」と続くように、満目《まんもく》みどりの5月である。時鳥《ほととぎす》の声に五月躑躅《さつきつつじ》や卯の花を愛でるころ、深山では蕗にわらび、三《み》つ葉芹《ばぜり》に根曲竹《ねまがりだけ》など最成期。蔬菜《そさい》では貝塚早生玉葱や大阪長茄子[※1]に碓井豌豆に淡竹《はちく》。海浜では鮎並《あいなめ》、鳥貝に麦藁蛸（若蛸）、下旬には鮎漁も解禁である。さて青梅の成る6月に入っては河内一寸空豆[※2]に、近県からの新蓴菜、海魚の菖蒲ゴチと呼ばれる真《ま》鯒《ごち》に若鱧のさわやかさ、水貝や冷し素麺で鬱陶《うっとう》しい梅雨を乗り切れば、「大阪の祭つぎつぎ鱧の味　青木月斗」と祭り月の7月となって「祭り鱧」と呼ばれ、麦藁蛸も「祭り蛸」と変わって味も本格的である。若い真鯵の味も捨てがたいし出世魚の鱸《すずき》はいよいよ美味となるし、赤魚《あこう》と呼ばれる雉羽太《きじはた》は逸品の夏魚で、月末は住吉祭で終わるが、夏の魚介はこの他に穴子、鰻、

鱧

雉羽太

鮑

車海老、跳荒蝦《とびあら》（サルエビ）、ガッチョ（鼠鯒《ねずみごち》）、ネブト（天竺鯛）、ギンタ（柊魚《ひいらぎ》）の小魚などすこぶる多種多様である。自然界での食用植物は少ないが、蔬菜では玉造黒門越瓜《しろうり》、枝豆、勝間《こつま》南瓜、泉州水茄子、鳥飼《とりかい》茄子、芋茎《ずいき》と、夏の蔬菜はとりわけ果菜（成りもの野菜）が多いようである。今季、夏は8月の初旬にある立秋の前日で終わりとなって、流石《さすが》に朝夕には秋の気配は感じられるものの、まだまだ夏の暑さなので、私たち料理屋では、利休居士いわく「夏は涼しきように」料《はか》るべきである。

※1　大阪長茄子＝大阪なすびとも呼ばれる、一般的な千両なすより大形の長なす。

※2　河内一寸空豆＝羽曳野市大黒地区をはじめ南河内一帯で生産される、一さやに2、3粒しか実らせない大粒の空豆で、一寸（3・3センチ）もあろうとの意。

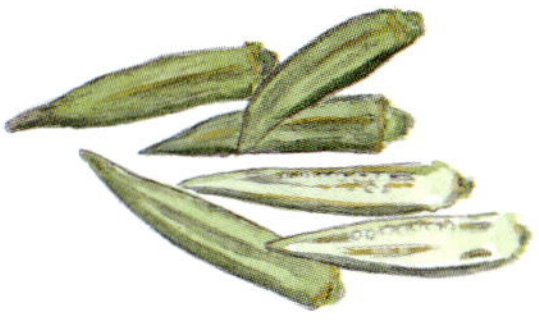

# 上野修三

鱸の洗膾二様

鱸の細引　たで葉そえて　蓼酢味噌

鱸腹身と独活　梅肉醤油

（エッセイ150ページ）

煮浸し冷麺
鳥飼茄子翡翠煮　白州海老　手延べ素麺
蝦出汁仕立　生姜
（エッセイ151ページ）

篭形越瓜　海老掬い真丈　冬瓜冷し餡
姫おくら　露生姜

（エッセイ153ページ）

鮑の和多焼（共貝盛）
花丸胡瓜の松前漬
（エッセイ 154ページ）

穴子竜眼揚　共餡
青唐　生姜
（エッセイ 156ページ）

# 上野 修

割鮮 其々味造り
車蝦 蛸の湯あらひ
黒鮪 鯛の昆布〆
太刀魚 烏賊の鳴門
鱧雲丹

（エッセイ157ページ）

いも　たこ　なんきん
石川小芋　柔ら蛸　勝間南瓜
姫おくら　香り柚子
（エッセイ 159ページ）

千枚鮑の真昆布茹で
若布ドレッシング　肝味噌だれ
紅芯大根　裏漉し百合根
（エッセイ 160ページ）

上野 修

○椀
打ち茗荷 おくら
（エッセイ 162ページ）

車蝦の枝豆揚　蝦香合わせ味噌
糸瓜　万願寺獅々唐
（エッセイ163ページ）

# 上野直哉

鱧の生霜造り
山葵二杯酢　柚子胡椒酢
蓮芋叩き梅のせ
花穂　紫芽　花蓮根　撚り人参

（エッセイ 164ページ）

茂魚の酒汐蒸し
橙酢油流し　フィンガーライム　共子湯引
冬瓜　玉葱　ラディッシュ　黄金いくら
（エッセイ166ページ）

上野直哉

伊佐木の香醋焼
刻み青唐　酢どり茗荷
新銀杏酒煎り　新甘藷檸檬煮
八代おくら雲丹香煎
（エッセイ167ページ）

## 上野直哉

栄螺の大船煮と白和え
共肝餡
青柚子　蔓紫　隠元豆
海葡萄
（エッセイ168ページ）

翡翠茄子と蓴菜、蒸し鮑の冷し鉢
喰出汁　もぐさ生姜
（エッセイ170ページ）

# 調理に関わる言葉

上野修三

## 【竈（かまど、へっつい）】

関西ではクド（敬称ではオクドさん）といった。食材を煮炊きするために、薪（燃料）を焚き燃やす設備を指す。土や煉瓦、漆喰などで作り、上部に鍋や釜をかけ丸く窓形の穴を開け、前方には差入口を作る。現代ではガス、電熱の普及により幻となった。

## 【御台盤（みだいばん）】

公家や武家の調度品で、食器や食材などを乗せる四ツ足の豪華な卓。これを置くところを御台所《みだいどころ》といった。この食事周りを仕切るのは奥方（妻）の役目として重視され、貴族の奥方は「御台様《みだいさま》」と呼ばれることになる。（厨房につながる）

## 【台所】

貴族世界の「御台盤所」が略され、台盤もない台所となる。厨・調理場である。

## 【板場】

京阪地方の呼称である。台盤を預かる所から「台所」となったように、食べる物の元である食材を切り捌く大切な俎を置く所・「板場」は調理場（厨房）であるが、この板場で働く者を「板場職人」といい、略されて「板場」といえば調理人を指すようになった。

## 【板前】

日本料理は古代、「割主烹従」とされ、生食（昔生醋《なます》・現刺身）を作ること、庖丁（庖刀）の冴えが重視される。従って、この俎（真魚板）の調理を受け持つのが最上の調理人とされ真魚板上の仕事人（職人）を「板前」と称し、料理長を指すが、後に「板場職人」と同意に扱われるようになった。

## 【料理長】

現代、料理とは、調理した食品（食べ物）とした狭義に解されているが、元は食べ物のみにあらず、すべて何ごとも料《はか》り理《おさ》めることにあり、例えば政治を行うことも料理といえるのである。近代風に料理長をいうなら茶道の亭主がそれに当たるだろう。

それは招いた客の心を一服の茶をもって料り理めることにあるので、私達の業《なりわ》いにおいてもご来店からお帰りになるまでの間、その客の心を満たす演出家の如き立人《たちうど》のことである。調理長ではない。料理長とは近代の言葉で、昔は関西では板前の頂点とし「真板《しんいた》」といわれ、略して「真《しん》」となったが関東では「板長」、「花板」などと呼ばれたようだ。

# 秋の料理

# 秋

# 割烹旬味控

上野修三

秋立つ日、即ち立秋は陽暦では8月8日ごろであり、この日から三か月間、11月の初旬の立冬前日までを秋と定めている。秋に入るとはいうものの、土用明けの暑い盛りでこのあと関西では一月《ひと》遅れの盂蘭盆《うらぼん》が控えており、蓮は花からその果実の蜂巣状に変わるころ、この実を煎って湯に浸し二つに割り中の苦い実《さね》を取って、干帆立貝などと糯米《もちごめ》を二割がた合わせた「蓮の実ご飯」も乙なもの。まだ細いがやわらかい新蓮根を掘って仏壇に供えるもよし、初ものを酢蓮として楽しむもまたよし。初旬は夏からの鳥飼茄子に水茄子に玉造黒門越瓜《しろうり》、羽曳野無花果《はびきのいちじく》も今が旬であるし、魚介では真子鰈、石鰈、白州蝦《しらさえび》（ヨシエビ）、跳荒蝦《とびあら》は上々の味であるが、秋桜《こすもす》や鶏頭《けいとう》の花が咲く9月は、ギンタ、ガッチョ、ウオゼ（疣鯛《いぼだい》）など小魚は多いのだが、鯛などは1キロまでの若魚は仲々いける。秋の魚介はその種《かず》は少なく、料理屋としては9月に入っても残暑が

きびしく台風のシーズンであって食材集めに苦労の季である。地方では稲刈りもはじまる。秋山の幸・茸が顔を出しはじめ、10月ともなると松茸の土瓶蒸しに無くてはならないのが秋鱧だがこれは都会での味わい。昔の松茸山には会社や商店の社員やお得意さんを家族と共に遊園会よろしく招いて松茸狩りのあと山の上での鋤焼《すきやき》で、その昔河内名物だった黄鶏《かしわ》が地獄を見る季でもあったが、今ではまったくその声を聞かない。そろそろ能勢の銀寄せ栗がはじけ落ちるころであるし、止々呂美《とどろみ》の柚子※1も色づいて来た。

金線魚

※1　止々呂美柚子（とどろみゆう）＝大阪府箕面市の止々呂美地区産の柚子。寒暖の差が大きい気候が香りのよい柚子を作る。

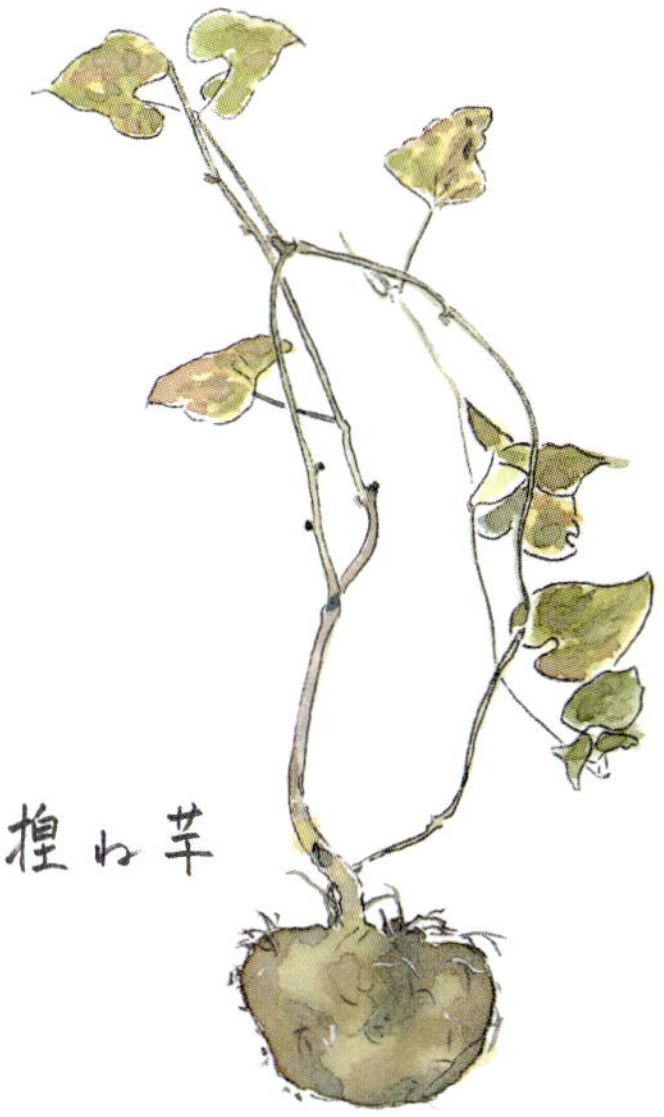

捏ね芋

止々呂美柚子

大黒占地

石川小芋

秋

# 上野修三

鰡の紙締　けずり唐墨
鰡の昆布締　昆布粉被け　茗荷　すだち
鰡の琥珀漬

（エッセイ171ページ）

焦し鯖船場煮
白滝大根・葉　紅葉人参　みじん茗荷
（エッセイ173ページ）

上野修三

捏ね蝦の新挽揚
銀杏雲丹揚
（エッセイ174ページ）

豆飛龍頭の湯葉巻煮
子芋八方煮　いんげん豆　柚子
（エッセイ176ページ）

柿・海月の柿酢
銀寄栗渋皮煮　れもん白酢
（エッセイ177ページ）

# 上野 修

秋鰆と鰤の燻し造り
わさび菜　野生クレソン　チコリー
（エッセイ179ページ）

菱蟹の河内蓮根寄せ焼
松茸と菊菜の白ポン浸し（葉付柚子釜にて）
（エッセイ 180ページ）

紅葉鯛と天王寺蕪
人参　柚子
（エッセイ 182ページ）

双身能勢椎茸の茸餡
三つ葉　針柚子
（エッセイ 183ページ）

海老芋の博多揚
餅銀杏の松葉刺し　穂じそ　青唐
（エッセイ184ページ）

# 上野直哉

皮剝魚の肝味噌和え　薬味ぽん酢
芽葱　胡葱　柚子
（エッセイ186ページ）

鯧の西京煮
笹掻き牛蒡　金時人参　菠薐草　針柚子
（エッセイ187ページ）

丹波山の芋と零余子の薯蕷羹　共地餡かけ
播州百日どり　赤崎牛蒡
（エッセイ188ページ）

上野直哉

小野芋の朴葉焼
車海老　椎茸　銀杏　白葱
（エッセイ 190ページ）

伝助穴子の素焼重
須磨海苔　山葵　割醤油
（エッセイ 191ページ）

# 調理人の役割

上野修三

概《おおむ》ね昭和20年代までの調理界は教えるものでも教えられるものでもなく、見習い方式であり、ウロウロ三年、鍋洗い三年などの言葉があったほど下積みが長かったが、実はこの間を如何に有意義に過ごすかが後の調理人人生を大きく左右することになる。

---

一 **追い廻し**
はじめの使い走りや掃除から、次に書く各々の役付きの仕事の段取りや手伝いをする。

二 **盛付**
日本料理を調理する法として・刺身（関西では造り）・煮物・焼物・揚物などあるが、各部所にてできた物を器に盛りつける役目。

三 **焼き方**
炭火、ガス火、電熱に依らず食材を直《じか》火にかざして炙ったり焼いたりする役。

四 **廻し方**
煮る食材、焼く食材、揚げる食材などを下ごしらえし、各々持ち場へ送る役。

五 **煮方**
食材に味を付けて煮炊きする役。揚物、間接焼きの場合も。

六 **脇鍋**
煮方について手伝いをする。大店《おおだな》でのこと。

七 **向板《むこういた》**
調理長同様に刺身も作るが、刺身のみ盛り付けも兼ねる。

八 **脇板**
大店での場合、向板の手伝い。

九 **飯場**
ハンバと読まずにメシバ。即ち飯炊き場である。鮓のシャリ合わせ、弁当の物相押し、飯盛りを兼ねる。

十 **真板《しんいた》**
現代にいう「調理長」であるが、関西では真板を略して「真」に敬称で「真さん」といった。関東では「花板」、「板長」。京都では料亭の亭主がこれを兼ねるが、大阪では亭主と真板が同格の店もあった。

# 冬の料理

# 割烹旬味控

# 冬

## 上野修三

冬とは、陰暦の10月から12月まで、陽暦では11月初旬の立冬から2月の節分までと定めているが、立冬とはいえど実際は、山々の紅葉に黄葉や、里には柿が実り、野菊が咲き乱れ、柚子や他の柑橘類も色づいて秋はたけなわ。正に錦織りなす好季節である。

河内平野では板持《いたもち》海老《えび》芋《いも》や天王寺《てんのじ》蕪《かぶら》に田辺大根に河内蓮根。北摂では高山牛蒡※1などの根菜が収穫され、海魚では小ものながらガッチョやウオゼにツガニ（藻《も》屑《くず》蟹《がに》）、足赤蝦、比売知《ひめち》に、真ハゼや赤舌鮃、鯔《ぼら》もこの月から。鯉や鮒は12月から1月が寒ものとして人気が高いし、寒鮃に寒茅渟《ちぬ》（黒鯛）もよい。特に忘れてならないのは虎河豚である。

大阪では獲れないものに鯨料理があって、最も知られているのは「ハリハリ鍋」で、背丈が低くて株が大きく張って太った大阪水菜とのハリハリと啜るように食べる。ハリハリとは半煮えで食するパリパリという

その食感をハリハリと表現したもので、尾の身を用いるのがよいがコロ（煎皮《いりがわ》）や囀《さえず》り（舌）も美味であるし、尾の身の刺身や叩き、餅鯨（脂肪）の白味噌汁は秀逸である。春が近くなると菱蟹や針烏賊などに卵を孕んで別種の味が楽しめる。懐かしき思い出に大阪の堀川あちこちに浮かぶ「牡蛎《かき》船」があった。江戸時代に広島から牡蛎を売りに来た船が橋の下にて船料理をはじめ牡蛎のない夏には川魚料理を提供して商いをつないでいたのだが、道頓堀では川べり整理のために立ち退きとなったのである。

※1　高山牛蒡＝大阪では高冷地にあたる大阪府豊能郡豊能町高山のごぼう。野趣ある味わいが貴重。

吹田慈姑

大阪人参

山葵

真鴨

# 上野修三

黒鯛洗い　黄韮添え
柚子芥子酢味噌　よりうど
（エッセイ193ページ）

鶉の孕み真丈
難波葱焼と糸葱　丁字麩　忍び生姜
（エッセイ194ページ）

雪輪大根　椿人参
柚子味噌
（エッセイ196ページ）

上野修三

赤舌鮃と世呂利の燻豚焼
酢橘　はじかみ生姜

（エッセイ197ページ）

はす根もち挟み揚
若布せんべい
（エッセイ198ページ）

# 上野 修

伊勢海老の味噌煮
田辺大根　高山真菜
（エッセイ 200ページ）

月の輪熊と雪の中の胡葱
笹がき牛蒡　黒胡椒
（エッセイ　202ページ）

真鴨の金柑蒸煮
首づると肝の捏ね　野生くれそんの一寸ソテー
タスマニアンマスタード
（エッセイ　203ページ）

上野 修

白甘鯛の二種挟み焼 共出汁石蓴風味
能勢椎茸 小繊独活 紅芯大根
（エッセイ 205ページ）

鮃鰭身の共肝たれ焼
行者大蒜　蕾菜　白髪葱　糸唐辛子
（エッセイ 206ページ）

# 上野直哉

牡蠣の霙酢
花山葵　いくら醤油漬
（エッセイ 208ページ）

赤貝の造り
蕗酢味噌　水菜　雪輪大根
紐と茎若布とろろ巻
（エッセイ 210ページ）

## 上野直哉

虎魚の丸吸仕立て
散黄韮　鶯菜　梅人参　針生姜
（エッセイ 211ページ）

寒蛸と姫路蓮根の小倉煮
蕾菜　針柚子　芥子
（エッセイ 213ページ）

葱と鯨舌の串焼　粉山椒
編笠金柑　菊蕪
（エッセイ 214ページ）

# 一品料理と酒肴

上野修三

「一品料理ってどんなん?」とお尋《た》んねやそうで、改めて尋んねられて戸惑うけど、それは俳諧の席の打ち上げで軽い飲食がきっかけとなって生れ、様々な寄り合い(会合)を主目的とし、その後の飲食での料理(会席料理)が大阪で初めてできたようですがね、それは個人の好みなど言えん「おしきせ料理」やったに対して、「一品料理」とは、食べ手(客)が好みの料理をオーダーできるって仕組みで、この遣り方(形態)を考え出しはったのが、大正13年に椅子席の料理店で「即席料理『浜作』」を創業した塩見安三ってお人やそうで、料亭のように作り置きをしない其の場勝負で食べ手と掛け合いで料る「掛合料理」の「一品料理」は、好みの味も掛け合えるので「お好み料理」の名も生れたけど、現代では「一品料理」の呼称に定着してるって訳ですわ。そしてそれは割烹店の代名詞にもなった。割烹(調理)の意味から食べ物(料理)を主とする料理店を一般に「割烹」と呼ぶが、料理屋には概《おおむ》ね飲酒は切り離せへんから一品料理だって酒の肴やって言えるけど、その場合は料理を楽しむための潤滑油と観て、酒肴《しゅこう》とは飲酒を主とした、いわゆるアテの、お腹は充《みた》されてるけども一寸飲みたいお人のための小鉢や小皿もんでおます。勿論、「おしきせ料理」の次の料理ができるまでの間《ま》つなぎにもなりまっしゃろう。魚介や野菜の切れっ端《ぱし》や、遂に捨《ほ》ってしまうような物も工夫次第で逸品のつまみに変りまっせ。大阪で言う捨《ほ》うる物《もん》からホルモン料理が生れたって阿呆らしい説もあるけど、そんな部位《とこ》に案外美味がひそんでますのやでェ。使い切ることによって、高級なものでも安うつく。つまり贅沢をしても帳尻が合う。つまりこれが「始末」よしって訳ですなあ。常日の節約が晴の日を一層楽しゅうしてくれまっせ。ああ酒が旨い!

# 春の一品料理

## 鱚の隔夜造り
## 菜種昆布押し
## 防風・山葵　煎り酒

きすのかくやづくり　なたねこぶおし
ぼうふう・わさび　いりざけ

高野山隔夜堂で老僧のために沢庵を刻んだ。否、徳川家康の料理覚弥だとか。

**材料**
キス　たくあん（伊勢たくあん※）　菜種
防風　山葵　煎り酒

**作り方**

**1** キスは三枚におろして皮を除き、薄塩を当てて3時間おいた後、昆布締めにして2時間おく。

**2** たくさんはみじん切りにして晒し、かたく絞る。

**3** 菜種は茹でて色出しし、昆布締めにする。

**4** 1を細造りにして2をまぶし、器に小高く盛り、3、防風、山葵を添え、煎り酒ですすめる。

※伊勢たくあん＝三重県伊勢市で古くから作られている名産のたくあん漬。

材料は主材料を中心に記し、通常使用する副材料は特殊なものを除いて省いています。調味料や香辛料の分量は、作りやすい分量または割合です。

# 乗込鮒の飴煮《のっこみふなのあめに》
## 木ノ芽《きのめ》

子持ちのフナが浅瀬へ産卵に集まることを「乗っ込み」といいますねん。

**材料**

フナ（乗込鮒）　木の芽

**作り方**

**1** フナは尾、頭、うろこを取り、二つ切りにして焼き固める。

**2** 鍋に細裂きの竹皮を敷き、1を並べる。

**3** 同量の水と酒、少量の酢、包んだ番茶を2に入れ、約一日かけてゆっくり炊く。

**4** 水飴（たっぷり）とみりんを入れて煮固め、たまり醤油で味をつけて煮詰める。

# 清汁椀
## 胡麻どうふ　鱚一夜干焙り
## 火どり干子　嫁菜・松実

すましじるわん　ごまどうふ　きすいちやぼしあぶり
ひどりほしこ　よめな・まつのみ

焼いた一夜干しの香ばしさと胡麻豆腐の舌触りを楽しんでおくれやす。

**材料**
胡麻（洗い胡麻、煎り胡麻）　本葛粉　キス　干子
よめ菜　松の実

**作り方**
**1** 胡麻豆腐を作る。洗い胡麻1に対し、煎り胡麻½、本葛粉1、水6、塩小さじ1を合わせ、文火（とろ火）で練り上げて冷ます。
**2** キスは三枚におろし、塩を当てて一夜干しにし、焙る。
**3** 干子はさっと焙る。
**4** よめ菜は茹でる。
**5** 1、2、3、4を椀盛りし、昆布と花鰹の一番だしで作った澄ましを張り、煎った松の実を浮かす。

# 貝塚早生玉葱の蝦だれ焼
## 笹打玉葱　みじん三つ葉

かいづかわせたまねぎのえびだれやき
ささうちたまねぎ　みじんみつば

刺身玉ねぎという初物は晩春の味や。
焼き過ぎはあきまへんで。

**材料**

玉ねぎ（貝塚早生玉葱）　トビアラ（サルエビ）
太白胡麻油　三つ葉

**作り方**

**1** トビアラは殻と頭を取って上身にし、粒切りにする。

**2** 1の殻と頭を遠火でこんがりと焼いて擂りつぶし、酒、濃口醤油、みりんを合わせた中に入れて煮返し、漉してエビだれとする。

**3** 玉ねぎは輪切りにし、太白胡麻油でフライパン焼きし、2のエビだれを加えて焦がし焼きにする。

**4** 残りのエビだれに1を入れて火を通す。

**5** 器に3を盛って4を流しかけ、晒した玉ねぎを添え、みじん切りにした三つ葉の軸を散らす。

# 針烏賊と筍の蕗味噌焼
## 葩うど

はりいかとたけのこのふきみそやき
はなうど

甲羅の先が尖った墨イカ、たけのこ、ふき葉の味噌、山海里の味の出逢いでおます。

**材料**
ハリイカ　たけのこ（木積筍）　ふき味噌　うど

**作り方**
**1** ふき味噌を作る。ふきの葉を灰汁で茹でて、その鍋のまま冷やす。取り出して洗い、細かく切って油で炒め、合わせ味噌を加えて文火（とろ火）で煎り煮する。合わせ味噌は、白味噌3、田舎味噌1の割合で酒で溶き、砂糖を少々を加えたもの。
**2** 淡味で下煮したたけのこと、淡塩を当てたハリイカを交互に串刺しして焼き、1を塗って焙る。
**3** うどを桜の花びらの形にし、しそ入り甘酢に浸したものを添える。

# 桜鱒桜ずし

さくらますさくらずし

大阪では漁れない魚やけど、実に上品な味や。花季の魚やさかい。

**材料**

サクラマス　すし飯　桜花（塩漬）　桜葉（塩漬）

**作り方**

**1**　サクラマスを三枚におろし、皮と小骨を取って喰い塩をし、一晩冷凍にする。自然解凍して脱水シートで2〜3時間脱水し、米酢7、湯冷まし3の割合で合わせた中に表面が白くなるまで浸し、昆布締めにする。

**2**　1とすし飯で棒ずしを作り、塩抜きした桜葉で巻き、桜花の甘酢漬を飾る。

（写真奥・二皿）

## 豆腐の粕漬と味噌漬

とうふのかすづけとみそづけ

豆腐は粕漬にでけまへんか？　いわれてやった一品。いけまっせ。

昆布だしに塩味を付けて木綿豆腐を茹で、ふきんに挟んで軽く押して水切りをする。粕漬は、この豆腐を、酒粕を酒でのばして塩味を付けた中に二昼夜漬ける。味噌漬は、白荒味噌とモロミを酒で溶いた中に1週間以上漬ける。

（写真手前）

## 小鮎木ノ芽田楽

こあゆきのめでんがく

魚田もまだ小アユなら、やさしい香りの木の芽味噌がええな。

8センチほどの鮎に筏串を打ち、淡塩をふって3時間ほどおいて焼き（頭の部分を焦がす）、木の芽味噌を塗って魚田にする。

## 鯉の親子ふき味噌炒り 割り独活そえ

こいのおやこふきみそいり　わりうどそえ

コイは産後の婦人に……といわれるけど、これなら酒にも飯にも……。

鯉のアラを蒸して身を取り出し、ささがきごぼうと炒め合わせ、同量の白味噌と赤味噌を酒と卵黄でのばして加え、砂糖で味を調えて炒め煮する。

（写真奥）

## 鯛皮白酢和え

たいかわしらずあえ

この料理は胡麻風味の豆腐白酢が決め手ですわ。

豆腐を裏漉して擂り胡麻を合わせ、米酢、柑酢、砂糖、塩、淡口醤油で白酢を作って裏漉す。茹でた鯛皮の土佐酢洗い、きゅうり、生しいたけの吸汁煮などを和える。針うどを天盛りにする。

---

（写真手前）

## ちぎり鯛の海鼠腸漬

ちぎりだいのこのわたづけ

骨から掻き取った魚肉で？　何の何の、この腸に漬けたら高級珍味でっせ。

タイの骨から掻《か》き取った身、刺身の切れ端などを集め、塩をひとつまみ入れて叩き寄せ、小指の頭ほどの大きさにちぎり、煮切り酒で溶いたコノワタに一夜漬ける。

（写真奥）

## 長芋に鯛酒盗《ながいもにたいしゅとう》

タイにあやかりタイって魚は多いけど、カツオにあやかった名の鯛酒盗だす。

タイの腹腸を取り出して肝、胃袋、腸に分け、胃を開いて汚物を洗い去り、腸の汚物は包丁の峰でしごき出して洗う。肝、胃袋、腸を合わせた同量の塩をまぶして三日ほどおいて水に晒し、小さく切って酒で洗い、みりん少々と塩で塩辛味に調え、密閉して一か月以上おく。これを長芋に添える。

（写真手前）

## 赤貝の紐の和多みそ被け《あかがいのひものわたみそがけ》

和多とは腸《わた》の当て字でおます。赤味噌に合わせて酢味噌で。

アカガイの腸を茹でて擂りつぶし、赤味噌、酢、芥子を加えて腸酢味噌を作り、アカガイのヒモ、うどのせん切りを和える。

# 夏の一品料理

## 赤鱝湯引き造り
## 晒玉葱　花胡瓜　芥子酢味噌

あかえいゆびきづくり
さらしたまねぎ　はなきゅうり　からしすみそ

エイの尾にある毒刺《どくとげ》を切り落とすこと、特有の臭いを避けるには必ず活魚を料《はか》ること。

材料
赤エイ　玉ねぎ　花きゅうり　芥子酢味噌

作り方
**1** エイはひれを深く切り落とし、熱湯をかけて薄皮を取り、五枚におろす。
**2** 1を削ぎ切りにし、さっと湯引きにする。
**3** 晒し玉ねぎ、花きゅうりとともに盛りつけ、芥子酢味噌を添える。右は白味噌の芥子酢味噌、左は芥子酢味噌にエイの肝を茹でて擂り入れたもの。

※切り落としたひれは、煮付けに用いるとよい。

# 赤鱝葡萄酒煮こごり

あかえいぶどうしゅにこごり

## 石川小芋　姫おくら

いしかわこいも　ひめおくら

エイは軟骨のままスッポン煮や味噌汁も旨いけど、ここでは煮こごりで夏らしゅう。

**材料**

赤エイ　小芋　オクラ　赤ワイン

**作り方**

**1** エイはひれに続く軟骨の部分までを切り落として霜降りし、薄皮をむいて小さく切る。

**2** かたい骨とともに、だし（昆布と鰹）と赤ワインで炊いてから、濃口醤油　砂糖、みりんで甘辛く炊き、流し缶に流し固める。

**3** 小芋、オクラは八方煮にして冷やす。

**4** 2を切り出し、3を添える。

# 淡葛仕立

## 鱧の白子・笛　玉子豆腐
## 越瓜素めん　青のり

うすくずじたて　はものしらこ・ふえ　たまごとうふ
しろうりそうめん　あおのり

献立上では笛って書くけど実は「鰾《ふえ》（魚の浮き袋）」で、コラーゲンの塊だす。

**材料**
ハモの白子　ハモの鰾（笛）　うり　玉子豆腐

**作り方**
**1** ハモの白子（精巣）は塩茹でにする。
**2** ハモの鰾は中の筋を抜いて半透明になるまで茹でて洗う。
**3** 玉子豆腐を台にして1、2、うりそうめんを椀盛りし、だし（昆布と鰹）の薄葛汁を張り、青海苔をふる。

# 鮎の蓼味噌焼　はじかみ

あゆのたでみそやき
はじかみ

若アユなら骨ごとでも柔らかい。つまり「魚でん」やけど、これなら少々冷めても美味でっせ。

**材料**
若アユ　蓼味噌　はじかみ生姜

**作り方**

**1** 蓼味噌を作る。白味噌3に対して田舎味噌1、酒、みりん、砂糖、卵黄を合わせ、文火（とろ火）で練り、たでの葉をピュレにして混ぜる。

**2** アユに昇り串を打ち、ひれ塩で身には塩をふらずに焼く。

**3** 2のアユに1の蓼味噌を塗って焼く。はじかみ生姜を添える。

# 鰌の糸牛蒡揚
## 青唐　生姜おろし　天露

どじょうのいとごぼうあげ
あおとう　しょうがおろし　てんつゆ

ドジョウはウナギに続く夏の栄養食材でっせ。ごぼうのささがきとともに変わり天ぷら、云わば「柳川揚」でっか？

**材料**
ドジョウ　ごぼう　青唐辛子　おろし大根　摺り生姜

**作り方**
**1** ドジョウは開いてみりん醤油一回かけの蒲焼きにする。
**2** ごぼうはごく細いささがきにして天ぷら粉をまぶしておく。
**3** 1の蒲焼きの全体に衣をつけ、肉の側に2のささがきをのせ、揚げる。
**4** 器に盛り、素揚げした青唐辛子、おろし大根、摺り生姜を添え、天つゆですすめる。

（写真奥）

## 鱧ノ子酒盗三種《はものこしゅとうさんしゅ》

酒盗としたけど味は上品で色も白く美しい。三種ともにモロ胡《きゅう》のモロミの代りにもええ。

内臓から卵だけを取り出し、同量の塩をまぶして一夜おき、晒して酒洗い、塩味を調えて切り昆布を加えて密閉し一週間、昆布の粘りが出たらＯＫ。左はイカを加えたものとおぼろ昆布のもの、塩ウニ味は長芋にのせて。

（写真手前）

## 鱧皮の桂巻生醋《はもかわのかつらまきなます》

夏期、蒲鉾に使ったハモの皮ときゅうりもみのザクザク。「鱧皮なます」の変形でおます。

ハモの皮に残った小骨を取って細く刻み、熱湯をかけて余分の脂を抜き、きゅうりの桂で渦巻き、土佐酢をかけて鬼生姜でおあがりやす。

（写真奥）

## 穴子肝雲丹焼

あなごきもうにやき

今や漁獲量は減ったが大阪の堺はアナゴが自慢やった。でも肝の旨さを知る人はねェ。

肝に付いている青い苦玉と胃の汚物を取って細い串に刺し、みりん醤油で一回の付け焼き、のち塩ウニを卵黄と酒で溶きのばしたものを塗って焙りまひょ！　葩《はなびら》蓮根梅酢漬を添えて。

（写真手前）

## 蛸ノ子豆腐オクラ入り

たこのことうふおくらいり

晩春から初夏に多い内子にオクラで淡緑。海藻に産みつけた外子は正に海の藤。

卵巣から出して裏漉したタコの子1に対して裏漉したオクラを昆布だしで溶いたものを5の割合で加えて玉子豆腐のように蒸し上げ、塩抜きした海藤花《かいとうげ》、山葵を添え、そばだしを注ぐ。

※海藤花＝マダコの玉子の塩漬け。

（写真奥）

## 三度豆帆立味噌和え

さんどまめほたてみそあえ

一年に三度収穫できるって「丸さや隠元《いんげん》」は他の同形ともに隠元禅師が渡来させた？

干しホタテ貝を昆布の水だしに浸して、茹でて裂く。煮汁で白味噌、田舎味噌をやわらかくし、当たり胡麻、砂糖で調味してホタテ貝を合わせ、茹でた三度豆を和えてしばらくおく。

（写真手前）

## 鱚の風干と干胡瓜

きすのかざぼしとほしきゅうり

キスの一夜干と干した毛馬胡瓜の歯触りの相性がよろしおまっせ。

キスは三枚におろして塩をして干し焼いたものを細切り、毛馬胡瓜は長いままでピーラーで薄く削いで生干しにして結びにする。だしに淡口醤油を落し入れたかけだれで……。

※毛馬胡瓜＝大阪市都島区毛馬町原産で、長さ30センチにもなる黒イボきゅうり。

（写真奥）

## 鯵の叩き鱠《あじのたたきなます》

泉州から和歌山にかけて中形のアジが美味。船中で作るという「水ナマス」から発想。

アジの細造りに麦味噌を入れて出刃包丁の背で叩き、玉ねぎや生姜のみじん切り、あればみょうがも入れ、とろろでつないで団子。青じその糸切りをまぶす。小さく上品に、ネ。

（写真手前）

## 河内一寸の雲丹揚《かわちいっすんのうにあげ》

一粒が一寸（3・3センチ）にもなるそら豆は初夏の浪速の味や。塩蒸しだけでも旨い。

荒皮もむいたそら豆を二つに割って、白身魚またはエビの擂り身を挟んで、コーンスターチと小麦粉、卵白の衣に塩ウニの味を付けた衣で揚げる。

（写真奥）

## 鰌の三州干し焼

どじょうのさんしゅうぼしやき

ドジョウは泥が似合うという訳ではないけど、三州味噌の泥（失礼）に漬けて干したら旨い。

八丁味噌を酒でサラサラに溶いてみりんで調節、開いたドジョウを半日ほど漬け込んで味噌をぬぐい取って風干し。焙り焼いて粉山椒をふりかけ、はじかみの酢どりを添えて。

（写真手前）

## 石川子芋の枝豆餡

いしかわこいものえだまめあん

河内平野の石川畔《ほとり》ではじめてできたさかい「石川子芋」やけど、いまではねェ。

茹でた枝豆の実を擂って白味噌に当たり胡麻、砂糖で餡にする。子芋を塩蒸しにして皮を取ったものに絡みつけるだけ。青柚子の香りでどうぞ。

# 秋の一品料理

## 甘鯛と山の幸酒蒸《あまだいとやまのさちさかむし》

一塩のアマダイと本しめじがあれば、昆布を敷いて酒を注いで蒸し、蒸し汁に淡口の味で美味。

材料
アマダイ　本しめじ　百合根　つくね芋　ほうれん草
紅葉麩　すだち

作り方
1 アマダイは三枚におろし、喰い塩を当てる。
2 つくね芋を摺り、茹でた百合根と合わせる。
3 しめじは洗って淡塩をふる。
4 ほうれん草を茹で、紅葉麩を切って下味を付ける。
5 鉢に昆布を敷き、2を1で巻いてのせ、3を添えて酒をふって蒸し、蒸し汁に淡口醤油、濃口醤油、みりんで吸味を付け、4を添えて温め、すだちを添える。

※喰い塩＝食べてちょうどよい仕上がりになる塩加減。

# 子持鮎の板昆布巻
## 菊子芋　菊菜煮浸し

こもちあゆのいたこぶまき
きくこいも　きくなにびたし

はち切れんばかりの卵を孕《はら》み、産卵に川を下る鮎「落鮎」。

**材料**
アユ（子持アユ）　白板昆布　子芋　菊菜　柚子

**作り方**

**1** 里芋の子を菊花形に切って菊花小芋を作り、米の研ぎ汁で茹で、八方煮にする。

**2** 子持アユを素焼きし、鮓用の白板昆布三枚を重ねて巻き、軽く帯をして、水と酒の同割りと少量の酢を入れてやわらかく炊き、淡口醤油とみりんで味を付け、煮汁がなくなるまで煮る。

**3** 菊菜を茹でて八方地浸しにして添え、刻み柚子を天盛りする。

# 子芋と蝦の枝豆餡被け

## 松の実

こいもとえびのえだまめあんかけ
まつのみ

大阪・堺の銘菓・くるみ(包み)餅からの発想で、小豆餡の代りに枝豆で料理版に。

**材料**
子芋　クルマエビ　枝豆　白味噌　胡麻　松の実

**作り方**
**1** 子芋はキヌカツギで塩蒸しにして皮をむく。
**2** 枝豆は茹でてさやをむき、豆だけを擂りつぶし、白味噌、胡麻、少量の砂糖で味を調える。
**3** クルマエビは殻をむいて半分に切る。
**4** 3の頭を少量のだし、酒、塩、砂糖で炊き、さらに3を軽く炊いて、その煮汁で2をやわらかくする。
**5** 器にエビと子芋を盛り、枝豆の餡をかけ、煎った松の実を散らす。

# 鯔風干し唐墨粉焼《ぼらかざぼしからすみこやき》

特有のクセあるボラも、晩秋から寒にかけて美味でっせ。子宝の唐墨を付けて親子焼や！

**材料**

ボラ　唐墨粉　菱の実　黄身マヨネーズ　すだち

**作り方**

**1** ボラは三枚におろして小骨を取り、喰い塩を当てて風干しにする。

**2** 唐墨は薄皮を取って冷蔵庫で乾燥させ、おろし金で摺りおろす。

**3** 菱の実は荒皮を取り、塩蒸しにする。

**4** 1を切って下焼きし、黄身マヨネーズを塗り、2を一面に付けて焙る。

**5** 3にオリーブ油を塗って焦がす。

**6** 盛りつけてすだちを添える。

**※黄身マヨネーズ＝マヨネーズ大さじ2に卵黄1個を合わせる。**

# 隈蝦の蓑虫揚
# むかご空揚　塩

くまえびのみのむしあげ
むかごからあげ　しお

足赤とも呼ぶこのエビと蓑虫の季節、折しも能勢の「銀寄せ栗」でみの虫の巣を表しまひょ。

**材料**
クマエビ（アシアカエビ）　栗（銀寄栗）　むかご
海苔　卵白

**作り方**
**1** 栗は細く切って軽く風干しにする。
**2** 大粒のむかごを茸形に切る。
**3** クマエビの殻をむいて海苔を巻き、小麦粉、卵白を付けて1をまとわせ、揚げる。
**4** 2に小麦粉をまぶして揚げる。
**5** 盛り合わせ、塩を添える。

※写真ではエビを切ったが、切らないほうが蓑虫らしい。頭も唐揚げにして添えてもよい。

# 秋鯖柚子味噌焼
## 大根の葉巻漬

あきさばゆずみそやき
だいこんのはまきづけ

秋サバは嫁どころか殿様も喰えなかった江戸時代があった。そう、秋のサバの礁は荒れて漁れんかった。

**材料**
サバ　白味噌　柚子　卵黄　大根（田辺大根）　昆布

**作り方**
1 白味噌に擂りおろした柚子、卵黄、砂糖、みりんで味を付け、酒でのばして文火（とろ火）で練り煮する。
2 サバは喰い塩より淡く塩を当て、切って下焼きし、1を塗り付けて再び焙る。
3 大根は厚めの桂むきにして塩を当て、昆布押しにする。
4 大根の葉を刻んで熱湯をかけて冷し、塩味を付けて昆布押しにする。
5 3で4を巻き、2に添える。

# 松茸裏白揚　柚子おろし　天露

まつたけのうらじろあげ　ゆずおろし　てんつゆ

国産ものは今やこんな食べ方はでけまへんなあ。渡来ものでも旬に入るものを使いまひょ。

**材料**
まつたけ　木綿豆腐　擂り身　卵白　みじん粉
しし唐　柚子おろし

**作り方**
1 まつたけの中開きの笠を乾いたふきんで掃除する。
2 木綿豆腐は絞って裏漉し、同量の上等擂り身と合わせ、淡く塩味を付ける。
3 まつたけの軸は中の白い部分のみ糸に裂く。
4 1の笠裏に片栗粉を付けて2を塗り、小麦粉、卵白、みじん粉の順に付けて揚げる。
5 しし唐は素揚げ、3は生のままで添え、柚子おろし、天つゆで進める。

# 鰶の筥ずし
## 茗荷　生姜

このしろのはこずし
みょうが　しょうが

図体の大きいコノシロなんぞと笑いはる？　否、昔の大阪ではバッテイラとして人気あったんでっせ。

**材料**
コノシロ　卯の花　卵黄　山椒の実　すし飯
酢漬けみょうが

**作り方**

**1** コノシロは三枚におろし、片身は生ずし昆布締めにする。

**2** たまり醤油、濃口醤油、みりん、砂糖でたれを作り、残りの片身を5時間ほど浸けて風干しにする。これを皮目から骨切りし、漬けだれで香ばしく焼く。

**3** 卯の花に卵黄、米酢、砂糖、昆布だしで味を付け、文火（とろ火）で煎る。

**4** 1のすし飯には3を芯に、2のすし飯には山椒の実を混ぜて、それぞれ箱ずしにする。

## 鯔臼田楽と白子塩焼《ぼらうすでんがくとしらこしおやき》

算盤玉《そろばんだま》、へそとも呼ぶ臼とはボラの胃の別称でおます。

臼は二つ割り、八丁味噌の甘だれ焼き。白子も同じでいいが、ここでは塩焼きにした。

（写真手前）

## 跳荒蝦の共味噌煮

とびあらのともみそに

トビアラと呼んで、普通サルエビ
阪呼称ですねん。

大粒のトビアラの頭と殻を焼いて酒で炊い
て漉したものに田舎味噌と砂糖を加えて、
を炊きまひょ！

（写真奥）

## 跳荒蝦の山椒焼

とびあらのさんしょうやき

一般呼称サルエビとは、然《しか》るべ
「然《さ》る」意味やろか。皮もやわらこ
旨い。

殻ごと背割りして腸を取って付け焼き、つ
瓦焼きですな。赤かぶの酢漬けなど添えて。

（写真奥）

## 田辺大根のハリハリ漬

たなべだいこんのはりはりづけ

田辺大根が甦《よみがえ》った。あのかための皮が特別に美味でっせ。

皮を厚めにむいてせん切りにして少し干し、三杯酢に鷹の爪を加えて昆布と一緒に浸けるだけ。

（写真中）

## 天王寺蕪の松前漬

てんのじかぶらのまつまえづけ

テンノジカブラと呼びますねんデ。かためですよって生食がええ。

皮をむいて昆布入り立て塩に浸すだけで、ま、即席の漬物。皮は大根皮と同様にハリハリ漬が美味。

（写真手前）

## 木ノ葉蕪うに焼

このはかぶらうにやき

天王寺蕪は味が深うて歯応えがええから塩焼きでも旨いが、塩ウニの風味も一興。

天王寺蕪を木の葉形に切り、塩をふって30分。後に太白胡麻油を塗って強火で焼き、塩ウニ、卵黄を塗って焙る。

（写真奥）

## 占地の酒盗浸し

しめじのしゅとうひたし

しめじを酒盗漬とはもったいない？否、菌床栽培占地の供し方ってわけ。

昆布だしでしめじを茹で、茹で汁に酒盗で味を付けて漉し、しめじを浸す。糸打ちねぎの天盛りで。

（写真中奥）

## 松茸菊菜の酢橘醤油

まつたけきくなのすだちしょうゆ

カンテキ（七輪）を持って松山へ行き、焼きたてが焼松の醍醐味やけど……。

焼松茸を裂いて、茹でた菊菜（春菊）を合わせ、すだちのポンス醤油をかける。一味と花がつおでネ。

（写真中手前）

## 鰶の糀熟れ鮨

このしろのこうじなれずし

コハダって人気の若魚もコノシロって親から生れたんでっせ。

強塩《ごうじお》を当てたコノシロを適度に塩抜き、酢洗いし、すし飯に温湯で戻した糀を合わせ、塩味を付けた床に漬け、冷蔵庫で2週間。

（写真手前）

## 鰹皮の酒盗干し焼

かつおかわのしゅとうほしやき

戻りガツオは刺身が旨い。皮が残る。ほな酒盗の味で廃物利用や！

刺身で鋤《す》き取った皮を酒で溶かした酒盗液に浸けて干し、焙り焼きしたのに、刻みねぎ入りの卵黄を塗って焙る。

# 冬の一品料理

## 鯨の尾身叩き 白髪葱　ポン酢

くじらのおのみたたき
しらがねぎ　ぽんず

お造りは専門店におまかせして、叩きでいきまひょ。

**材料**
クジラ尾の身　薬味（生姜　にんにく　あさつき　煎り胡麻　おろし玉ねぎ　一味唐辛子）　白髪ねぎ　ポン酢醤油

**作り方**
**1**　クジラは強火で焦がし、ほどよい厚さに切る。
**2**　生姜、にんにく、あさつきはみじん切りにし、煎り胡麻、おろし玉ねぎ、一味唐辛子とともに1にのせ、ポン酢醤油を注ぎ入れ、白髪ねぎを盛る。

# 赤舌鮃と百合根の煮凝り
## 柚子みじん

あかしたひらめとゆりねのにこごり
ゆずみじん

カレイなのに大阪では赤舌ヒラメ、
または、牛の舌やなんて。

**材料**
アカシタヒラメ　百合根　ゼラチン
うど　絹さや　柚子

**作り方**

**1** アカシタヒラメは五枚におろす。
**2** 中骨でだしをとり、酒、濃口醤油、淡口醤油、砂糖で濃いめの煮汁を作る。
**3** 上身を流し缶に入れ、2を入れて蒸し煮する。
**4** 味が染みたら煮汁を取り出してゼラチン（寒天）を加えて煮溶かす。
**5** 3の上身に八方煮にした百合根をのせ、4を注いで冷やし固め、切り出す。
**6** うど、絹さやの細切りを八方地に浸したものを添え、柚子をのせる。

# 黒鯛の焼物　和風サラダ

くろだいのやきもの　わふうさらだ

大阪湾の古名は「茅渟《ちぬ》の海」で、仰山《ぎょうさん》漁れたクロダイをチヌとも呼ぶんでっせ。

**材料**
クロダイ　生しいたけ　マス子　わさび菜
白髪ねぎ　山葵　酢橘酢油醤油（淡口醤油、酢橘、オリーブ油）

**作り方**

**1**　クロダイは適宜切り、塩焼きにする。生しいたけも塩焼きにする。

**2**　1を盛り、マス子を散らし、わさび菜、白髪ねぎを添え、酢橘酢油醤油をかけて温かいサラダとする。

# 鶉の乾酪焼
## 青身大根味噌漬

うずらのちーずやき
あおみだいこんみそづけ

山椒焼や鍬焼の多かったところに、外国人向けにと戦後に創った焼物でおます。

**材料**
ウズラ　卵黄　粉チーズ　バター　黄身マヨネーズ
ちさ軸　うるいの芽

**作り方**

**1** ウズラを開き、くちばしを除き、首や軟骨ともよく摺って肉の薄い部分に塗り付ける。

**2** 1に塩、胡椒をふって小麦粉をまぶし、フライパンでバター焼きにする。

**3** 2に黄身マヨネーズを塗り、粉チーズをふりかけ、オーブンで焙る。

**4** ちさ軸の昆布塩漬とうるいの芽を添える。

※ちさ＝チシャ
※黄身マヨネーズ＝109ページ参照

# 餅鯨ごんぼ汁

もちくじらごんぼじる

昔、大阪に汁の専門店があって、餅鯨の白味噌汁が人気やったそうな。

**材料**

皮クジラ　ごぼう　赤味噌　白味噌　三つ葉

粉山椒

**作り方**

1 赤味噌と白味噌を合わせて味噌汁を作る。

2 皮クジラ（皮下脂肪）を米ぬかで茹でてやわらかくし、適宜に切り、1を取り分けて煮る。

3 ごぼうの皮を除いてアク抜きし、おろし金で擂り、1に加えて炊き、ごぼう汁を作って漉す。

4 別のごぼうで細いさきがきを作り、生のままで2とともに盛り、3を注ぎ、みじん切りにした三つ葉を添え、粉山椒をふる。

# 冬の酒肴

（写真奥）

## 菱蟹の黄味酢和え

ひしがにのきみずあえ

渡り蟹とも呼ぶけど、本名は蝤蛑《ガザミ》。でも大阪では菱蟹、略してヒシ。

卵黄に米酢、砂糖、塩で味を付けて湯煎で半熟にした黄身酢を作る。戻して軽く茹でたワカメ、塩蒸ししたガザミを土佐酢で洗い、先の黄身酢で和える。

（写真手前）

## 蟹雲丹長芋添え

かにうにながいもそえ

晩冬から春半ば、ヒシガニは雌が旬ですな。腹中に卵がいっぱい。まさに子宝や。

ガザミの卵は水で洗い、酒にしばらく浸し、酒気を切って淡口醤油に少量のみりんで調え、だし昆布を加えて漬けにする。せん切りの長芋を添える。

# 数ノ子糀漬

かずのここうじづけ

鰊《にしん》（カド）の子から転化したといわれるカズノコ（数の子）は子孫繁栄の縁起とされた。

塩抜きしたカズノコを一口大に切り、酒に2時間浸す。糀をぬる湯で戻し、飯と合わせて発酵させ、塩、酒、みりんとごく少量の米酢を合わせた中に先のカズノコを2週間ほど漬ける。

（写真奥）

## 烏賊の鶯雲丹味噌和え

いかのうぐいすうにみそあえ

あの鋭いくちばし（嘴）のことでっせ。鶯の囀《さえず》りからの連想やろか？ 実はそのまわりの肉が旨い！

ハリイカのくちばしを塩茹でにしてそのまわりの肉をはずし、塩茹でした百合根とともにウニ味噌で和える。ウニ味噌は白味噌に卵黄、塩ウニを加えて酒、みりんで調味、とろ火で炊いたもの。

（写真中）

## 下足の山葵和え

げそのわさびあえ

ゲソとは戴《いただ》ける名やおまへんし、形もようないが味はよろしぃなぁ。

山葵の芽はざるに入れて熱湯をかけ、密閉してしばらく振り回し、びんなどに密閉しておく。ゲソの皮、吸盤を取って霜ふり程度の酒煎りにし、山葵の芽とともに割醤油で和え、針海苔を天盛りする。

（写真手前）

## 囀りと芹の芥子和

さえずりとせりのからしあえ

クジラの舌をサエズリという
ど、実にクジラは海中で仲間や
族と話すんやって？

米ぬか入りの湯でやわらかく茹でたサ
リをだし、酒、淡口醤油、みりんの浸
で強めに下味を付け、茹でて浸し地に
たせりとともに和える。和え衣は、サ
リの煮汁で白味噌を溶いて溶き芥子を
入れたもの。

（写真奥）
# 湯豆腐に蜆の佃煮
ゆどうふにしじみのつくだに

寒い夜に熱い湯豆腐。そんな一切れにシジミの佃煮をのせてまた一献。

シジミは酒を加えてふたをして炊き、口の開いたものから身を取り出して、その煮汁を濃口醤油、たまり醤油、みりんで調味して佃煮に。煮汁は少し残してね。

（写真手前）
# 吹田慈姑三色揚
すいたくわいさんしょくあげ

くわいには幾種かあるけど、吹田慈姑は万葉にも詠まれた日本固有種らしい。

吹田くわいは小梅ほどに小さいが皮をむいて、鷹の爪を入れて茹で、八方煮にして熱いうちにざるに上げ、小麦粉をまぶし、卵白、みじん粉の順に付け、サラダ油でからりと揚げ、塩をふる。

（写真奥）

## 子芋の味噌漬焼

こいものみそづけやき

塩蒸しだけでネットリと深みある石川産が少のうなって淋しいな。

子芋（里芋の子）は蒸して皮を取り、荒味噌を酒、みりんでやわらかくした中に1週間ほど漬け、竹串に刺して焼く。

（写真手前）

## 雲丹炒り牛蒡

うにいりごんぼ

雲丹染め牛蒡といったかな？ 私が成人前に、ある調理研究会で習いましてん。

ごぼうは糸のように細いささがきにしてアクを抜き、ふきんに挟んで水分を取る。塩ウニを漉し、酒でのばして水のようにし、ささがきを一夜漬け、漬け汁をよく切り、湯煎にする。松の実とともに。

# 季節の料理　創味帖 ―食材と料理―

## 春

上野修三

### 孕み鯉《はらみごい》

鯉の刹洗い　鯉の山吹造り
菖蒲うど　紅たで　山葵　芥子酢味噌　煎り酒

たった二本やけど、口髭もあって、王者の風格をもつ淡水魚といやぁ何方《どなた》はんでも鯉を連想しますわな。髭もさることながら一メートルの大魚になることもあるから申し分なし。コイ目・コイ科で食用とするのは真鯉で、これはもう知らんお人は居まへんが、一列の鱗が三十六枚あるので「三十六鱗」とか、「六六魚」、その六六変じて九九鱗となり、登竜門を意味するが、九九をかけて八十一鱗となるのを竜の鱗の数と同数やって中国の伝説に基づくものやとか。中国の黄河は崑崙《こんろん》に発し、積石山を経て竜門に至るが、ここは頗《すこぶ》る急流で、春3月にさまざまの魚が登ろうとしても力つきて死に至る中で鯉だけが昇り切って竜と化して昇天するって阿呆らしい話が日本にも渡って来た。それが時代の風潮にのったのか日本人の好きな出世魚にされたらしいですな。戦国時代は過ぎた今では進学やらサラリーマン就職の祝いの魚としてお目出度い魚やというのに婚礼に忌み嫌われるのは、腹鰭《はらびれ》をコトドメの鰭と言うことが「子

こいのへぎあらい　こいのやまぶきつくり
しょうぶうど　べにたで　わさび　からしすみそ　いりざけ

カラー写真 18ページ
材料と作り方 216ページ

止め」に通じるからやとか、縁起かつぎですなあ。

鯉の味は長流に棲むものが一番で、次に大湖の鯉って定説やけど、私の師の出身地は近江八幡でしたので、師の兄さんが古新聞・唐草の風呂敷に包んだ琵琶湖の大鯉を背負うて「おういキヨ（喜代三）、来たぞォ！」と、弟を訪《た》んねて来ることがおましてネ、「それ！　上野、それ捌け!!」と、その度に命じられ、水に放すと泳ぎだす鯉を塩梅すると、「お前も来て食べい！」と、師夫妻と兄さんの酒席に招かれて嬉しゅうおました。休日で先輩は居まへんのでネ。私にゃ恋の話は無いけど鯉の話は仰山おましてネ。師から離れて板前として他につとめた時に活造りにした鯉を食べたあとの骨を水に入れたら2時間も泳いでたこと、金魚の産地の奈良・郡山の料理旅館ではお客さんが持ち込んだ鯉を塩梅し、初めて鯉味噌を作らされて四苦八苦、大阪では淀の大鯉の塩梅を頼まれたが姿揚の鍋からはみだして困ったことなど……淀の鯉といえば、昔ばなしに室町時代は享徳の１４５２年から12年間、管領をつとめた細川勝元は殊の外鯉好きで、産地までも言い当てる通振りやったとか、「他国の鯉は作りて酒（煎酒）に浸す時、一両箸に及べばその汁濁れり、淀鯉は然らず、いかほど浸せども汁は薄くして濁り無し、これ名物のしるしなり」と、少々地元贔屓に聞こえる言葉を残してますな。その頃の淀川は美しかったろうけど、現代の淀鯉をいうたら、貴方《あん》さん外方《そっぽ》向きはる？　否々、そない馬鹿にするもんやおまへん。ある時ネ、我が「大阪料理会」50人で、有名産地の鯉と産地を知らせずに食べ比べて貰うたら六割強が淀鯉に挙手しはったんでっせ。それは淀川の鯉をその伏流水《ふくりゅうすい》の池でしばらく泳がせたものですけどネ。4～5月の鯉は子持ち（孕み鯉）で、その卵は塩茹でにして山吹き色。これを刺身や洗いにまぶして「山吹造り」や、俗にコイコクと呼ぶ「濃漿煮《こくしょう》」、「飴炊き」他色々。懐かしいなあ。

上野修三

# 山野草《さんやそう》

## 山菜炊き
## 独活八方煮　筍の土佐煮　薇大原木巻
## 蕨・木ノ芽

さんさいだき
うどはっぽうに　たけのこのとさに　ぜんまいおはらぎまき
わらび・きのめ

カラー写真 20ページ
材料と作り方 216ページ

野を耕し、食用になる野草を栽培し、蔬菜（野菜）とするまでの人間は、猿や猪、鹿たちのように主食も副食も無い自然の山野草や木の実で命をつないで来たというのに、人間界の現代までの食の進化で大きく変わり、脅威さえ覚えますな。そのうちに、何となく腹持ちのする山芋（自然薯）を主に考え、やがて南の国から渡来した里芋系がとって代り、後には「豊葦原瑞穂国《とよあしはらのみずほのくに》」といわれる豊かな穀物、葦の仲間から稲穂の実（米）の旨さを見つけ、加熱調理を知るとこれを主食の最上とするのはずい分と後世やけど、主食の座を揺るぎ無うした日本人の食の副食物として魚介類が加えられると、真の菜は動物性（真魚、真菜）、植物性を蔬菜と位置づけた朝廷食の決めごとも加わって、副食の中でも持ち味の淡い植物性はB級とされることになったが、栽培の野菜以前の、それぞれ土地の気候風土の中で生えるべく生え、育つべく育った山菜や野草には、彼等独得の自己防衛や主張もあり、それなりの力強さがある。

食べる人間の健康の源につながると考える私ゃ間違いやろか？　野生動物の場合でも、動物食のものは気が荒うて、植物食のものは穏やかな性質が多いように、人間界にも同様に考えられますなあ。人の道を悟すお人、またその修行にあるお人は動物食、いや殺生は戒められ、「葷酒《くんしゅ》（腥物《なまぐさ》や酒）山門（寺院）に入るを許さず」とされたことも効あって、それでも腥好みの人とのバランスを保って現代日本人の繊細な味覚が認められ、日本の文化遺産にまでなったと私ゃ信じますねん。「菜」とは酒飯に対する副食、即ち「おかず」は、御数の意で多種になるが良し、それを一括りの枠にはめ込むことはむずかしいけど、自然界から得る山菜野草の有難さを学ぶことのできるのは、緑にとぼしい冬の食から総て芽吹きの季節から葉ものの春が一番でおます。

# 桜鱒

さくらます

## 三色焼
## 桜鱒桜色酒粕焼　桜鱒木ノ芽田楽
## 桜鱒香味油泡雪焼
## 花びらうど

料理屋やら愛好家に珍重される「桜鱒」とは桜鯛と同様で桜花季《はなどき》の鱒って表現で、マスの種類を指す訳じゃない。

ほんまのところ、単に、マス、ホンマス、ママスやそうで、鱒はサケ科に属して、川で生まれて海へくだり成長したものは産卵のために元の河川に戻る（遡河性《そかせい》）という習性は鮭と同じやそうなが、鱒の場合は、すべてが降海する訳ではなく、残留する幼魚もあるけど雌より雄のほうがその率が高い。そして大きくならないのが「山女魚《やまめ》」と呼ばれる川魚やそうな。つまり鱒は、山女魚の先祖ってことでおます。でもネ、表現は鯛と同じようで異《ちが》うのは、「桜鯛」は産卵に集まるゆえに豊漁になることを旬とするに対して、「桜鱒」の産卵は5月から7月ですさかいネ。魚

さんしょくやき
さくらますさくらいろさけかすやき　さくらますきのめでんがく
さくらますこうみゆあわゆきやき
はなびらうど

カラー写真 21ページ
材料と作り方 217ページ

上野修三

類の味は鮞《はららご》（精巣・卵巣）を孕《はら》む以前《まえ》とされる説からいうなら、「桜鱒」の場合は味覚上の旬といえますわなあ。そして桜花季にはまだ海に居るってことなら、産卵期を旬とする上では「皐月鱒」ってことになるんやないか？　ともあれ鱒は日本特産で、古く十二代の景行天皇代ら賞味されてたっていうし、その三〜四年ものは鮭にも勝るとあるから、鮭のように産卵のあと死ぬってことではないようですな。とはいえども鮭のように豊漁ではおまへん。希少価値ってことも味と値打ちを高めますのやろなあ。

　昔はお造りも、それも川の鱒が賞味されたというけど、鮭の仲間であるなら、ルイベのように一夜冷凍にすると安全でしょうな。でもここでは焼物。それも陰暦での雛の節句をイメージして三色焼。その一つの「酒粕焼」は米糀にぬる湯を加え、飯状にして炊飯を加えて発酵させ、塩味を付けた中に鱒の塩身を漬けたものを焼いて吟醸酒粕を酒とメレンゲで溶いて食用紅で桜色にしたものを塗る。次は一夜味噌漬にした鱒の木ノ芽田楽。今一つは、玉ねぎ、セロリ、にんじんをおろし、太白胡麻油をタップリに塩、胡椒の味に一夜漬けて、メレンゲにマヨネーズで味を付けて塗り、氷餅の粉をふりかけて焙る。え、それでは大人の節句やって？

# 若牛蒡

わかごんぼ

## 桜ケ丘

若牛蒡の蝦豆腐寄せ

黄身揚牛蒡　雪の下　生姜おろし　天露

さくらがおか
わかごぼうのえびどうふよせ
きみあげごぼう　ゆきのした　しょうがおろし　てんつゆ

カラー写真 22ページ
材料と作り方 217ページ

若ごんぼと読んどくなはれや！　その牛蒡が大阪八尾市の特産てことで八尾《やお》ごんぼ、それを略して「ヤーごんぼ」というのは、出荷の時に束ねた姿が弓矢の矢を束ねた形になるって意味もある。そこで「矢《やあ》ごんぼ」、とまあ大阪ではこう呼ぶけど、今では余所《よそ》の県でも栽培してるさかい一般呼称は「若牛蒡」ですわ。でも大阪では八尾市恩地の名で「恩地極早生白茎牛蒡」って長～い名が正しいらしい。それは福井県の「越前白茎牛蒡」がルーツやけど、幕末から明治にかけて大和川の付け替え工事があり、その河あとの砂地で作り始めたが、一度芽吹いた若芽が霜を受けて枯れてしもた。春先に再び芽吹いたところ、根茎は短いがその茎が蕗のように長うなって香りが高うてやわらこうて美味やった。ところで昔、牛蒡のことを異称で「馬蕗《うまぶき》」と呼んだと聞くけど、ほんまに馬の好物？　でも牛《うし》に蒡《ぼう》って書いてゴボウって何んでやねん！　なんていちゃもん付けはさておいて、その旬はと尋ねたら、「そりゃ一番旨いんは3～4月の露地もんやでェ」と宣うお人あり。「そんなことというたら余所物に負けるわい！」と、1月下旬からハウスやトンネル方式で栽培するお人も現れて久しい。味は大切やけど商売にならにゃ作れん。といいたいのかなあ。でも私ら料理人だって昔は「おう、今年もヤーごんぼの時期が来たか」と初物が喜ばれたものの、今ほど季節はずれが出過ぎると、「やっぱり旬の味がよろしおまっせェ」と、味覚の旬を知って貰うことが大切でっせ。

さて、「桜ケ丘」と名付けた揚物やけど、先ず木綿豆腐を漉して山芋卸しでヒロウス地を作って蝦の擂り身と合わせた物で若牛蒡をつなぎ、海苔にのせて桜色の微塵粉《みじんこ》を付けて揚げる、一種のヒロウスであり寄せ揚げでネ。根茎は黄味揚、雪の下は白扇揚にして添えて天露ですすめまひょ！

どないだす、桜の咲く丘ってイメージになりましたかいな。

上野修三

# 泉州水蕗

せんしゅうみずぶき

## 蕗ずし

泉州水蕗　焼穴子鮓飯　金糸玉子　桜麩の甘煮
木ノ芽

卯の花のこぼるる蕗の広葉かな

これは卯の花の咲く6月ごろが自然生えの蕗の旬てことを表してる与謝蕪村の句やけど、私も父に連れられて、谷川の釣りに行った帰り道で、大きな葉のわりに茎の細い山蕗を摘んだ子供の頃を思い出して、何やら胸が熱うなりますわ。

でもネ、あの香りとアクのある苦味はどうしても好きにゃなれなんだのに、今じゃ懐かしさもあるし、味も香りも山蕗がええと思うのは年波を重ねたせいやろなあ。栽培の蕗は延長6年（928年）、すでにあったというが、時代はぐんと下った天保年間に愛知県は知多郡須賀村の加木屋の旧家で、早川平左衛門なる者が初めて栽培したのが在来物とは異《ちが》う早生蕗で、「愛知早生蕗」（尾張蕗）と命名。一方、大阪の貝塚市では大正期に蕗の栽培があったが、それは「河内蕗」というたそうで、昭和になって貝塚の農家が「愛知早生蕗」を知って導入し、岸和田、泉佐野などで栽培したのが「泉州水蕗」やそうだすな。大きい物は太うて1メートルにもなるから、大阪府のある知事は「のび過ぎでんねん」なんて名を付けたけど今ではその名は忘れられたようでっせ。そりゃァ不味《まず》そうやもんねェ。でも「泉州水蕗」、適度の香りがあるしアクが少ないから、子供だって嫌がらず食べてくれるから、家庭のおかずによく使われまっせ。蕗の信太巻、鯛の子と炊き合わせ、生節焼豆腐の炊き合わせ、また

ふきずし
せんしゅうみずふき　やきあなごすしめし　きんしたまご
さくらふのあまに　きのめ

カラー写真 23ページ
材料と作り方 218ページ

単独で紫蘇煮、特に「蕗ずし」は泉州の郷土料理に挙げられてまっせ。その「蕗ずし」を大阪のすっしやはんで売ってたらええのになあ、との思いで作ってみたんでおますが、それは鮓めしに焼穴子の微塵切りと八方地浸しの蕗の細い部分を混ぜ合わせて、器に入れて揉み海苔を振って錦糸卵を一面にのせて、蕗の太い部分を散らして桜麩の甘煮を散らす、木ノ芽を飾るとよろしおます。家庭ならこれで、泉州の郷土料理では穴子の代りに白子干しやけど、充分に旨いですな。

# 春

上野 修

## 貝塚早生玉葱

かいづかわせたまねぎ

貝塚早生と貝沙羅陀
片栗菜　二十日大根　春蘭
目箒味噌ドレッシング　梅肉ドレッシング

今で言う関空の東側対岸に拡がる泉州地区。

「貝塚極早生」とは、この辺りで栽培される玉葱で、昔からの品種を改良してできた泉州玉葱の中の一つ。

形は一般に見かける丸い玉葱と違い扁平、ちょうど円盤によぉ似た形

---

かいづかわせとかいさらだ
かたくりな　はつかだいこん　しゅんらん
めぼうきみそどれっしんぐ　ばいにくどれっしんぐ
カラー写真 24ページ
材料と作り方 218ページ

（まだ円盤って見たことおまへんけど……）。この形が災いして市場から姿を消していったとか。丸い玉葱のように転がりにくく、機械化による選別ルートに乗りにくかったからですって。

うーん、なるほど。納得はするんですが残念な理由。更にこの形、我々調理の手も煩わせます。しかし味は瑞々しさの中に軽やかな甘味と優しい辛味があり、生食でもＯＫ！

この魅力は他に代え難いものがあります。これも生産者の努力のお陰で、徐々には増えて来ていると聞きます。

今回、それと合わすのは鮮度抜群の二枚貝。

「貝塚」との地名もありますように、この地区では多くの貝類が摂取されていたようで、現在も赤貝、鳥貝、浅蜊などが水揚げされております。ここでは赤貝、鳥貝、平貝（タイラギ）を使い、直接盛っております大きな貝殻は平貝の殻。平貝はこの柱を主に食べますが、これが寿司ネタで一般的に言われる貝柱。「ちょっと軽く炙って握ってぇ！」と言うアレ。香ばしさと甘みが増しますよねぇ。

たれは二種類を用意。一つは梅肉ベースのたれで、もう一つは白味噌ベースの酢味噌にバジルを擂って溶いたもの。どちらもこれに油分を少々プラス。

淡紫の花を持つ片栗菜が爽やかな歯触りを与えてくれ、いかにも春らしい華麗な姿の春蘭が華を添えてくれます。

※泉州地区＝大阪府南西部に位置する堺市、岸和田市、貝塚市など９市４町。

# 山菜《さんさい》

## 焼穴子とかしわの山菜鍋

川芹　浜防風　雁足　絹揚　独活　花山椒

我が子たちが、まだ親の都合に合わせられた頃、私も今より幾分スリムで前屈みもすんなりできてましたので、春には芹やわらび等の山菜摘みを家族で楽しんでおりました。

当時の娘の担任の「食べれる山菜は?」との質問に「カンゾウ」と答えてしまった娘。モチロン担任は?・?・?だった……という話が懐かしく思い出されます。

収穫を終え、山の澄んだ空気の中で頂く何気ないおにぎりの飛びっきりの旨さに感動。しかしその反面、普段自分がお客様へ提供させて頂いている高価な料理は一体何なのか、と考え込むこともしばしばありました。

所詮自然の力には叶わないのか。と、諦めかけておりましたがしかしそうではなく、この方に喜んで頂きたい。空腹だけでなく心も満足して頂きたい。そして喜ぶお顔が見たい。と、料理人としての本質を見直しさせられた時期でもありました。

その頃を振り返りつつ、

「春の山の息吹を感じてもらいたい」

との想いから作った春香いっぱいの一品。

春は山菜達が土の中から、はたまた木々の枝から、今か今かと自分の出番を窺っております。そして、いざ順番が来たその時に放つ息吹たる

やきあなごとかしわのさんさいなべ
かわぜり　はまぼうふう　がんそく　きぬあげ　うど
はなざんしょう

カラー写真 25ページ
材料と作り方 219ページ

上野 修

や凄まじく、これが春の山菜の「えぐみ」だと私は解釈しとります。
また、時にはこの「えぐみ」、動物性の食材さえも封じ込めるだけのエネルギーを持っております。

4月から5月にかけては特に力のある山菜が目白押し。ここで使う川芹、浜防風、独活、そして花山椒なんかは正にそれ。かしわや穴子といった優しめの食材には少々強者過ぎ。そこで、真昆布の力を借りつつ、この二つの食材から予め出汁を取っておき対抗します。いわばハンディキャップですか。

初めは真昆布と鶏ガラで取り始め、途中から穴子の骨を加えます。これを調味し漉したらベース出汁のでき上がり。

これに具材を入れていきます。力強い出汁が山の息吹きを受け止め、かしわや穴子の引き立て役に回ってくれて……いるかな。

まぁけど、素材も無駄なく生かされ美味しく仕上がる。これって如何にも大阪料理って感じでしょ。

# 桜鯛と泉州筍

さくらだい　せんしゅうたけのこ

桜鯛と泉州筍
桜鯛の真子焼と白子焼
貝塚木積の朝掘筍の木ノ芽焼
独活の梅酢漬

---

さくらだいとせんしゅうたけのこ
さくらだいのまこやきとしらこやき
かいづかこつみのあさぼりたけのこのきのめやき
うどのうめずづけ

カラー写真 26ページ
材料と作り方 219ページ

「桜鯛とは桜の花が咲く頃の鯛を言う」

ってなことが一般的には通っているようですが、関西圏を基準に言いますと、実際は葉桜の頃。

雄は白子を、雌は真子を持ち、お腹はパンパンに張っております。

その分、身の方はチョッピリあっさりめになっており、これらを合わせて焼物に。

真子はあらかじめ〝お鯛さん版唐墨〟を作っておき、上身と共に親子焼。


白子は上身で挟み醤油だれで焼きます。

んっ、けど、これもやはり親子焼って言うてエエのん……?


そしてこの鯛に負けないくらい力のあるのが、大阪自慢のこの筍。泉州は木積《こつみ》産の朝堀の筍です。

生産者の方にお話を伺いますと、筍の収穫時期は一年の内の一か月程ですが、竹藪では土を足す作業、落ち葉の掃除、計算された親竹の間引きなど、他の月も常に手を入れられているようです。収穫は午前2~3時頃から始め、水分をたっぷり吸収しているときを狙います。これをすぐさま濡れ新聞とドンゴロスでくるみ、その水分をキープ。そして光を遮断。これは、まだ土の中に居るんだと錯覚させてエグミを出すのを遅らさせるためだそう。

その後、お店に到着した筍達はすぐに皮をほどき、絹皮で出汁を取り、この出汁を染み込ませ晒《さらし》で繰るんですぐに冷蔵庫へ。

この辺りから筍も騙されていることをボチボチ勘ぐって来ているかもしれませんが、そこはポーカーフェイスでなんとかクリア。

さてここから。

いよいよオーダーを頂きましたら、真っ白な筍は炭火で直焼にし、先

上野　修

程の絹皮出汁で作った醤油だれを塗って更に焼いていきます。

炭に醤油だれが当たりますと心地よい焦げの香りが広がり出すと自然と盃に手が……。


桜鯛と朝掘り筍。

どちらも力強く、器の中でお互いの存在を讃え合っているかのようです。

# 稚鮎《ちあゆ》と花独活《はなうど》

## 稚鮎の花独活巻揚
## こしあぶら

「鮎」は魚偏に占うと書きますがこれには諸説あり、神功皇后の朝鮮半島出兵時に鮎釣りをし勝敗を占っただとか、縄張り意識が強い魚で陣地を占領しようとするからこの字を当てただとも言われております。

しかし中国では「香魚」と表記され、「鮎」はナマズを指すとのこと。古代日本でも同様に「鮎」はナマズを意味するらしく、『古事記』や『日本書紀』ではアユは「年魚」（一年魚なので）と表記されており、「鮎」＝アユになったのは奈良時代頃から。何だかややこしい話ですわなぁ。

氷魚～稚鮎～若鮎～鮎～落鮎と、季節によってさまざまな呼び名があり季語にも多く使われます。

そんな鮎に付き物なのが蓼。

ちあゆのうでじかまきあげ
こしあぶら
カラー写真　27ページ
材料と作り方　220ページ

「蓼食う虫も好き好き」とは、蓼のように苦い葉を好む虫もいるように、好みとは人それぞれだと言う意味。鮎は成魚になると瓜のような瑞々しい香りとは裏腹に腸《はらわた》に独特の苦味を持ち、その蓼の苦味と合わせて頂く楽しみがあります。しかし、この頃の鮎にはまだその苦味は少ないので、蓼とは少々趣の違った味わいを持つ「うでじか」をチョイス。

「うでじか」とは山菜で、標準和名は花独活。ウドと付きますがセリの仲間だそうです。細かい花火のように咲く花が印象的なことから、花独活となったとか……。

香りはいかにも春の山菜らしく、アクもありますので、稚鮎に対して多くは禁物。淡い稚鮎の風味が損なわれないよう加減し、双方の相性を楽しみます。


しかしまあ、言ってみりゃあ、これも好き好き。

# 鮎並

あいなめ

## 鮎並の蕗包飯
## 独活金平　はじかみ

アイナメ。カサゴの仲間で鮎並・鮎魚女などと書きますが、我々関西人はアブラメと呼ぶ方がなんとなくシックリきます。

鮎のように鱗が小さく、鮎のように縄張り意識が強いから鮎の文字が使われたり、また、油を被《かぶ》ったような肌からアブラメと言われるとか諸説あります。

あいなめのふきつつみめし
うどきんぴら　はじかみ
カラー写真 27ページ
材料と作り方 220ページ

上野　修

以前はそれほど高価ではなかったんですが、激減したのか今では堂々と高級魚の仲間入り。生でよし、煮てよし、焼いてよしのオールマイティーな魚ですが、小骨が多く、また食べたエサの加減からか、稀に心地よくない磯臭さを持つのがいるので要注意。

しかし、エエのに当たりますと力強を感じさせすこぶる美味い。もともと白身魚の中では脂分が多く、しっかりと歯応えある皮を持っているので、それを生かした焼き霜造りは香ばしくて絶品。今では焼き霜造りたるやポピュラーになり、鱧やノドグロまでも当たり前になっておりますが、㐂川ではこの鮎並こそがおそらく元祖かと思われます（けどこれだけ言うてて今回は焼き霜造りはしまへんねんけど……）。

大きな物は大ビール瓶以上にもなりますが、今回はあえて脂の控えめな小型のものを。ちなみに私らはその大きさから「トックリ（徳利）」と呼んでおります。

泉州水蕗は大正期から栽培されていて、天然種と比べると、スッと真っ直ぐに伸び、葉っぱもデカイ。山で摘む蕗とは桁違い。逆にアクは控えめで万人向き。淡白なトックリとは相性はバッチリ。

たれ焼きした鮎並の中骨を入れて炊いた餅米を、鮎並と一緒に葉っぱで包んで蒸し器に入れ暫しお待ちを……。

やがてこぼれ出る湯気が、ゆっくりと春色に染められて行く様を香りで感じられ、待つということの幸福感をも味わわせてくれる一品です。

春

上野直哉

# 飯蛸《いいだこ》

## 飯蛸の洗膾
### 生姜醤油　筍　雁足　浜防風

なんと、飯蛸はらっきょうで釣るらしい。

尤も、味や臭いを好むのではなく、白く光るものであれば何でもよくて、「テンヤ」と呼ばれる錘《おもり》付きの針に縛り付けて使います。北海道より南の広い地域に生息する飯蛸は、釣人にも人気で、この釣り方で楽しむのが一般的。但し、これがプロの漁師さんとなると、底引き網漁による水揚げが一番多く、その次が、古代から続く伝統漁法である蛸壺漁。真蛸よりも小さな飯蛸専用の蛸壺を使うほか、蛸壺の代わりに、大貝（ウチムラサキ）の貝殻を使うこともある。これは、飯蛸が大貝の殻に住み着く習性を利用したもので、蛸壺同様、無傷で捕獲できるために、その分、商品価値が高い。らっきょうにしても、貝殻にしても、こんなものに騙されて飛びついてしまう飯蛸に、何だか愛おしささえ感じてしまいますね。春の雌には、その名の通り、米粒（飯）のような卵がたっぷりと詰まっていて、ちょっと重たそうに見えるほど。明石浦では、通称「（イイ）モチ」と呼ばれ、反対に子のないものや雄は、「スボ」と呼びます。「モチ」の飯蛸を煮込むと、この卵が蒸した糯米《もちごめ》のような食感になり、微かな渋みを含んだ独特の甘み、旨味があって、癖になる美味しさです。

いいだこのあらいなます
しょうがじょうゆ　たけのこ　がんそく　はまぼうふう

カラー写真 28ページ
材料と作り方 221ページ

上野直哉

まだ春とはいえ、しっとりと汗ばむ陽気になる頃。

80度前後の湯で、さっと湯洗いにした飯蛸を冷水に取り、掻いた氷の上に盛り付けます。出始めの地の筍や春の苦味を添えて、生姜醤油ですっきりと味わってみてください。勿論、煎り酒や梅肉でも。

# 碓井豌豆《うすいえんどう》

## 碓井豌豆の豆乳豆腐　清汁仕立
## 筍　蕗　鞘巻海老　花弁独活　木の芽

近鉄阿部野橋駅から南大阪線に乗って暫く行くと、大小様々な古墳群が見えてきます。電車が東から南へと向きを変え、大和川の支流、石川沿いを行くころになると、車窓右側には、一際大きな「応神天皇陵」の墳丘が見え隠れします。この辺り、羽曳野市碓井地区は、「碓井豌豆」のふるさと。関西では、「えんどう豆」＝「うすい豆」であるかのように、同義語と勘違いされるほど、爆発的に人気を博した実えんどうの品種ですが、元を探れば、なんと米国生まれ。明治時代に、Black Eyed Marrowfatという、剥《む》き実用の品種が、この地に導入されたのが事の始まりで、その後固定種となって、現在は大阪府下の広い地域で栽培されるほか、和歌山の日高地方では、この種の子孫にあたる「紀州うすい」が栽培されています。「碓井豌豆」の莢《さや》は皺《しわ》だらけで、実の色も薄緑色なので、見た目は今一つですが、香りと甘みが強くて、ホックリとした食感。また、莢の大きさに対して、粒が大きいのが特徴。収穫時期が短いので、この時季が来れば、毎週「豆ごはん」や「玉子とじ」にして、よく食卓に並

うすいえんどうのとうにゅうどうふ　すましじたて
たけのこ　ふき　さいまきえび　はなびらうど　きのめ
カラー写真 29ページ
材料と作り方 221ページ

んだものです。幼き頃の私も、祖母のお手伝いで、度々「豆剥き」を言いつけられたのを憶えています。剥き実でザルが満杯になる頃には、爪先は緑色で、青臭い豆の香り。今でもこの匂いを嗅ぐと、少年時代の爽やかな陽気に包まれた春の日を思い出します。

煮物椀は、コース料理の華でもあり、蓋を取るその瞬間に、脳裏に映し出される四季折々の光景を楽しむべきもの。出始めの碓井豌豆に、泉州の春を彩る筍と水蕗……。なにわ生まれの私の春です。

# 桜鯛

さくらだい

## 鯛真子の牡丹煮　白子餡掛け
## 但東うど白煮　蚕豆　針生姜

たいまこのぼたんに　しらこあんかけ
たんとううどしらに　そらまめ　はりしょうが

カラー写真 30ページ
材料と作り方 222ページ

紀伊水道から四国あたりで越冬した鯛が、産卵場所を求めて浅場に大移動するのが4月頃。大阪湾から明石海峡に入るルートや鳴門海峡から播磨灘へ向かうルートなどに分かれて一斉に沿岸へ寄せてくる鯛を、「乗っ込み鯛」とか、海面に映る婚姻色《こんいんしょく》の雌鯛の姿が、さながら散り始めし桜に見えるところから、「桜鯛」と呼ぶのは、ご存知のとおり。

中でも、大阪湾でイカナゴや甲殻類などを食べながら明石海峡に辿り着いた鯛は、通称「鹿の瀬」と呼ばれる岩礁で産卵します。明石市の南西沖にあたるこの海域は、東西約20キロ、南北5キロ、最も浅いところで水深2メートル、最深部は70メートルに達する砂州《さす》で、プランクトン豊富な「魚の宝庫」。ここで水揚げされた鯛の多くは、明石浦漁港に運ば

上野直哉

れてきます。この漁協の特徴は、殆どの魚を生きたままセリにかけるところ。場内には、膝下くらいの深さのプールがあり、ここに魚を生かしたままセリ落とします。そして、生簀に移された魚を、一晩おいて（「活けごし」）、ストレスを消化させた後、「活締め」にします。「明石鯛」の名を全国に知らしめたのは、鯛そのものの品質に加えて、水揚げ後の処理方法が優れていたことが大きいのです。

桜鯛の季節、明石浦漁港は、一際賑わっています。お腹がパンパンに張った活締めの鯛が並ぶ光景は圧巻。桜色のメスと黒みがかったオス。包丁を入れると、薄オレンジ色の立派な真子（卵巣）が出てきました。次のは艶々の白子（精巣）……。

秋冬の「紅葉鯛」や「寒鯛」に比べて、身の味こそ劣ると言えども、この立派な鯛の子に旨みを奪われているのなら納得かもしれませんね。

茹でた蕗を芯にして真子で巻き、出汁で煮含めると、牡丹の花のように開きます。別に土生姜を加えて煮含めた白子は、冷ましてから裏ごしにして白子餡に。

桜鯛が牡丹を抱えてやってきました。春ももう終わりかな。

腸《はらわた》を牡丹と申せさくら鯛　几董《きとう》

# 目板鰈

めいたがれい

## 目板鰈の掻き餅揚と道明寺糒　銀餡掛け
## 花山椒　金漆芽新挽揚

めいたがれいのかきもちあげとどうみょうじほしい
ぎんあんかけ
はなさんしょう　こしあぶらのしんびきあげ

カラー写真 31ページ
材料と作り方 222ページ

私は子供時分、両親に外食へよく連れて行ってもらいました。今考えてみても、幼い私を家に置いておく訳にはいかず……だったのか、それとも、料理の英才教育?を意図して同席させたのか、本心は判らないのですが、いずれにしても、その頃から時折「大人の店」に連れて行ってもらったことは、大変有難いことであったと思っています。

割烹、料亭、鮨店、フランス料理など、ジャンルも色々、つまり親父の行きたい店に同行させてもらった訳ですが、中でも、大阪で割烹店へ行くと、一品料理で必ず注文してくれたのが、「目板の唐揚」。子供に一匹丸ごとの唐揚なんて、大変なご馳走だったように思います。お店によって、作り方も様々で、黒皮に×印の包丁目を入れて二度揚げしたもの。五枚卸しにした身と骨をバラバラに揚げて、全て食べられるもの。観音開きに包丁を入れて、中骨部分を取り出して骨煎餅にし、帆掛け船のように盛り付けたもの。衣が小麦粉の場合と片栗粉の場合。また、添えてあるのが、天つゆであったり、薬味ぽん酢であったり……。バリエーションがあるのが分かり、子供なりにその違いを楽しんでいたように思います(今思うと、生意気なもんです)。

関西で「メイタ」というと、あの二つの大きな目玉が寄った、カエルのような顔のカレイと、認知度も高い魚ですが、他所ではあまり知られていないようです。カレイとしては小型で、肉質は緻密で旨みが濃い。ただ、皮に独特のクセがあり、獲れる海域によってはかなり臭いが強くなるので、注意が必要です。活け物の場合、ヌメリが強くて、持った感じが柔らかで、身の厚いものが美味しいように思います。

あの頃食べた唐揚を思い出しながら、春の蓋物にしてみました。

おかきを砕いた衣の芳ばしさと山椒の香りによって、目板の持つクセを、魅力に変えてくれます。

上野直哉

# 苺《いちご》

## 朝採り苺と桜花アイスクリーム
## 揚げ蓬麩　小豆

竹内雅人さんは、私より一つ年上。明石・清水で、お父さんと共に、苺農家を営んでいらっしゃいます。

このページの写真撮影当日も、私は早朝から明石へと車を走らせました。畑に隣接するプレハブ造りの直売所に入れば、思わず顔がほころびます。大小、品種も様々な苺が、段ボールのケースに、美しく、そして丁寧に仕分けられています。

品種ごとの香りの違いがよく判るほど、新鮮で濃厚な香気に包まれていて、それはとても幸せな気分になるので、実は暫く帰りたくない位です。竹内さんの圃場では、土作りを大事にするのは勿論、ビニールハウス内の燻煙殺菌をしないことで、この苺本来の香りを守っています。うどんこ病など予防ために、通常、硫黄剤を使った殺菌が行われるのが一般的で、このようなリスクを負ってまで、美味しさにこだわる生産者は稀。また、完熟するまで収穫しないので、遠距離の輸送には向かず、この直売所の他は、近隣の商業施設に少量を卸すのみ。「この美味しさの為なら……」と、私もこうして、味と香りを求めて、車で買いに来る「苺信者」になった訳です。

日本での苺栽培の歴史は、徳川末期。オランダからもたらされた、和名「オランダイチゴ」から始まります。その後、新宿御苑に勤めていた福羽《ふくば》逸人《はやと》博士によって、国産第一号の「福羽」が開発されましたが、皇室用の栽培だったため、「御苑いちご」、「御料いちご」と呼ばれて、一般

あさどりいちごとおうかあいすくりーむ
あげよもぎふ　あずき

カラー写真 31ページ
材料と作り方 223ページ

に出回ることはありませんでした。庶民の口に入るようになったのは、昭和25年に、アメリカより導入された「ダナー」種、昭和37年に宝塚の農業試験場で生まれた「宝交《ほうこう》早生《わせ》」が広まった頃から。いずれにしても、加工用より生食用に適したものが次々に開発され、現在は、１５０種以上が登録されているとか。今朝、竹内さんに分けていただいたのは、「おいＣベリー」という新品種。美味しいうえに、ビタミンＣが豊富とは、これは何ともありがたい。

調理法は使いません。艶やかな紅色と爽やかな甘みを、そのまま頂きましょう。柔らかな酸味と香りを味わうには、甘みの優しい豆乳のアイスクリームがよく合います。塩漬けの桜を加えた日本的な味わいが、日本生まれの苺と相まって、「和」の出で立ちに見えるのは、不思議ですね。

※明石・清水＝兵庫県明石市魚住町清水

# 夏

## 上野修三

# 鱸

すずき

## 鱸の洗膾二様

## 鱸の細引　たで葉そえて　蓼酢味噌

## 鱸腹身と独活　梅肉醤油

一介の農民から太閤関白まで、出世のたんびに呼び名が変ってく豊臣秀吉みたいに、鱸は成長の度に名が変りますわな。30センチの幼魚を鮬《せいご》、40センチから50センチは跳《はね》、その上は鱸《すずき》となる出世魚だす。

秀吉が熊野詣でする船中に、この鱸が飛び込んだことが幸先《さいさき》ええと喜んで家臣と共に食したって逸話《おはなし》が在《お》ましてネ、あんな風にとんとん出世した秀吉にあやかりたいと、まだ歯の無い男児の初節句に鱸の塩焼きで祝うた時代があったとか、「寿々喜」と当て字してまで大阪では庶民まで「祝い」の日の膳に載せられる目出たい魚でおます。

釣人の弁では鱸を釣るとき、暴れてあの鋭い鰓ぶたで釣り糸を切られることがたびたびで、これを「鱸の鰓洗い」というて妙味を楽しみ、大阪湾では昔も今も朝の跳釣りが人気やっていいますな。鱸の旬は陰暦での端午から秋口の「落ち鱸」まで。

鱸の料理といやァ昔から、旬が夏ってこともって「洗鱠《あらい》」やら「塩焼」が通り相場ってとこ。特に夏まつりのご馳走《ごっつぉう》でしたナ。ここではその洗鱠の小附の垂汁《たれ》を少々工夫して、先ずひとつは、淡口醤油2に対して煮切り酒1、味醂はほんの少しに昆布を切って浸し、梅肉を少々溶かし入

すずきのあらいにょう
すずきのほそびき　たではそえて　たでずみそ
すずきはらみとうど　ばいにくじょうゆ

カラー写真36ページ
材料と作り方224ページ

れた「梅醤油」。次は白味噌・田舎味噌の同量に、昆布出汁少々に砂糖を米酢でさらりと摺りのばして、青蓼の葉のピュレで緑色にしてピリリと辛い「蓼酢味噌」でおます。

鱸の切り方はそれぞれ工夫して頂くとして、洗うときは、水道の流水で洗うてもできるだけ自然水に氷を入れて冷し、洗い直すと一層味がようなりまっせ。塩焼の鱸にゃァ、蓼酢（米酢1、出汁1、淡口醤油0・5、味醂0・2と蓼ピュレ）が自己流でおます。頭の塩焼をこの蓼酢で食べるんが私ゃ大好きでねェ。一時期、汚れた海で獲れた鱸が出廻って人気が落ちたけど、今では上質もんが有《お》ますよって、せいぜい塩梅しまひょ！

# 鳥飼茄子

とりかいなす

## 煮浸し冷麺
## 鳥飼茄子翡翠煮　白州海老　手延べ素麺
## 蝦出汁仕立　生姜

茄子の原産地は印度っていわれますな。

古い当て字に「奈須比《なすび》」とあるように、茄子と書いてもナスビって読むのが本真《ほんま》やとか。「太く短いものより細く長いものが種が少なくて旨い」とか、「棘の多いものは種が多くて味が劣る」なんて古書もあるけどそれは無視。大きゅうて丸うて形は加茂茄子に似てるけど色はさえん上に「肉質はかため」ってとこは「締まった肉質」と訂正し、何よりもいいたいのは味。そう、「鳥飼なすび」の持ち味でおます。

---

にびたしれいめん
とりかいなすひすいに　しらさえび　てのべそうめん
えびだしじたて　しょうが

カラー写真 37ページ
材料と作り方 224ページ

## 上野修三

昭和50年代だったと思いますが、新聞で知ったか他人《ひと》さんに聞いたか、大阪淀川近くの鳥飼って地区で珍しく原種みたいな丸茄子を作る爺さんが居てはるって知って尋《た》んねて行ったら、我が家の庭で三畝ほど、「うちで食べる分だけじゃ！」って宣うのを、食べたそうに見えたか私に「持って帰っておくれ」というて頂いて、そのガシッと締まった肉質と味にびっくり。「こりゃナスビの原種かも知れん」と、「もっと増やしておくなはれ！」とお願いに。「こんな作り難いナスビは誰も……」と押し問答の上で、食雑誌や料理屋仲間に紹介してボツボツ増え、当地では保存会なるものも立ち上げても、鳥飼茄子は接木《つぎき》ではなく苗から育て上げる茄子だし、嫌地《いやち》（連作を嫌う）するので作り手が増えまへん。近ごろでは作り易い接木栽培をするお人も現れたけれど、やはり本真もんの旨さにゃ叶いまへん。ほんまの鳥飼茄子に出逢うたらちょっと自慢でけまっせ。オーブンでの「焼茄子」、輪切りをフライパンで油焼きにして「田楽」、跳荒蝦と炊いた「蝦なすび」に「糠漬け」も旨い。

ところでネ、「親の意見とナスビの花は、千にひとつの仇は無し」って諺をご存じ？　そうでっせェ、我が子を思う親の言葉と同様に、ナスビの花も、まだ落ちん前からすでに小さな茄子がでけ始めてる。つまり、生れにムダはないけど、育てるんはむずかしいってことやろなあ。

この料理は泉州の「ジャコ茄子」という水茄子の古漬と雑魚エビの煮物（オカズ）を鳥飼茄子に置き替えたもの。まずエビと茄子を炊いて、その煮汁で茹で素麺を炊いて冷やしたもの。ヒンヤリと美味でっせ。

# 玉造黒門越瓜

たまつくりくろもんしろうり

## 篭形越瓜　海老掬い真丈　霙瓜冷し餡
## 姫おくら　露生姜

越瓜とは白瓜。それは「高槻市にあった服部五ケ村を発祥とし……」と「浪速魚菜の会」の会長・笹井良隆氏が、私の著書『なにわ野菜　割烹指南』に書いてくださったように、真桑瓜《まくわうり》の変種であるとする緑白で長めの瓜が、昔むかしの織姫（機織女、七夕説の元?）が織物を伝えた頃か、中国は越の国から渡って来たそうな。つまり越から来た瓜は白かったので越瓜《えちうり》を白瓜と読ませるに至ったという理由《わけ》ですなあ。と、まあここまでは白い瓜で服部五ケ村から広まったので、服部の地名が無くなった今も「服部白瓜」として残って粕漬や糠漬にされてるけど、17世紀頃、大阪木津の今宮辺りで初めての促成栽培が始まった時におそらく他の瓜と交雑したろうと思われる縞文様のついた白瓜ならぬ青瓜が生まれたといい、安土桃山から江戸時代に、大阪城の玉造町界隈は豊臣秀吉と親交の深い人たち、諸大名や千利休の屋敷があったらしいが、その玉造側の城門は黒塗りで「黒門」と呼ばれ、この辺りで広く作られていた服部白瓜（越瓜）の変種の青瓜（実は白と濃緑との縞文様）が「玉造黒門越瓜」と呼ばれるようになったという理由でおます。誠にややこしおますが、お解りいただけたやろか。白い部分は少し高うて緑の部分は平らの縞文様で服部白瓜より太うて肉厚で、その持ち味も濃いのが特長でおます。

塩梅は白瓜と同様の糠漬（美祢の捨て小舟）、干瓜、葛煮、もみ瓜などですけど、現・天王寺区の六万体って町の昔から昭和初期まで続いた漬

かごがたしろうり　えびすくいしんじょう
みぞれうりひやしあん
ひめおくら　つゆしょうが

カラー写真 38ページ
材料と作り方 225ページ

上野修三

物店「村上六万堂」では天王寺蕪漬、その子蕪などと共に瓜の（現奈良漬のような）粕漬が「浪速漬」の名で名物やったが、その原料はこの玉造黒門越瓜だったに違いない。その頃、農家と漬物を営んでいた石橋ってお人が、この六万体に行商に来てた時、「村上六万堂」が閉店することになって、「将来にええ粕漬ができるようになったらぜひ『浪速漬』と命名して欲しい」と頼まれたとか。当代の石橋さんに聞いたことがおまっせ。そして遂に石橋さんの子孫は東京での全国粕漬コンクールに入選したと私は聞きましたな。

　この玉造黒門越瓜は煮物にも旨いところで、写真のような青竹の篭形のカップ状に作って、その切りくずをボール形にし、残りはミキサーで挽き、海老団子とカップを炊いた煮汁と葛粉で霙餡を作って流し被けた一品でおます。

# 鮑《あわび》

## 鮑の和多焼（共貝盛）
## 花丸胡瓜の松前漬

「磯のあわびの片思い」って諺がおますな。アワビはミミガイ科の巻貝やけど、二枚貝の片割れを担いでるかに見えて、片方が重いことか一方的に恋い焦がれることにかけた洒落た諺でおますな。マダカアワビ、クロアワビ、メガイアワビ、エゾアワビがあって、鮑、鰒、石決明《せっけつめい》とあるが、この内、石決明とは鮑の殻を干した漢方薬で眼病によろしいとか。

あわびのわたやき　ともがいもり
はなまるきゅうりのまつまえづけ
カラー写真 39ページ
材料と作り方 225ページ

ところで、貝類はどれも虫へんやのに鮑だけなんで魚へんやろうと、私ゃ勝手に「蚫」と書いてましたけど、やはり無理はいけまへんよねェ。

アワビの餌は若布、昆布、荒布、搗布《かじめ》、馬尾藻《ほんだわら》と藻食やそうで、それであの磯の香が出るらしいけど、実は殻の色も食べる海藻によるものという。支那の秦始皇帝が日本へ不老不死の霊薬を求めさせた徐福なる者が、日本の住心地が気に召したか本国へ帰らなかったという伝説のお人の墓が、紀州は熊野にあると聞き、その霊薬とは鮑やとか、否、海鼠《なまこ》やとか。鮑を桂むきにして干し、打ちのばしたものがお伊勢さん（伊勢神宮）の神饌にされるのは昔から誰もがご存知のことで、これが昆布や鰹節などと共に婚礼の床飾りにされる。「熨斗《のし》鮑」は現代《いま》では祝の熨斗袋の右上にその名残として紅白の小さな包みの中に黄色く納められてる。鮑は貝類の内でも神聖な貝と観られてたんですなあ。そない多くの人にも神にも片思いされてたのに、打ちのめされる鮑は可愛そうや。

そこで塩梅でおますが、近ごろ見られへんのが水貝、角切りを氷と塩水に浮かせて塩味だけってシンプルな食べ方は素材を最も生かしたもので旨い。ここでは共和多焼で、「和多」とは腸の当て字やけどネ。黒い部分の砂を取って裏漉し、寺納豆（大徳寺納豆、浜納豆など、豉《くき》ともいう）も漉して煮切り酒で溶いて味醂で調味。鮑肉は薄くそいで酒煎りし、煮過ぎない内に和多だれをからめますのや。この塩梅も故人の発案やけどシンプルで美味や。

私の修業時代は戦後で、蒸し鮑の酢の物、塩焼きも売れてたけど、マヨネーズ和えのサラダに生野菜、単に生貝からのバター焼きのオーダーも多かったんでっせ。

夏

上野修三

# 穴子

あなご

## 穴子竜眼揚　共餡
## 青唐　生姜

臆病なのか、穴があったら穴へ、無ければ砂にもぐって頭だけ出してるから「穴子」やなんて何方《どなた》はんの命名か、単純な名前やけど、ウナギ属アナゴ科とおます。

夜行性で夜になると穴子は女子《おなご》はん探しに、いや食糧探しに出かけるところをねろうて釣り人は海ん中で脚立に乗って楽しむというけど、海水が増えてくると心細いってねェ。昼の漁師は小さな入口を付けた金ザル様な物に餌を入れて仰山《ぎょうさん》ロープに付けたのを沈めて獲ってはる。穴子は世界で１１０種、日本近海だけで20種も居るそうやけど、やっと食べられるのはギンアナゴとクロアナゴ。ま、普通、料理屋ではマアナゴだけで、魚屋はんの店先で見かけるアレで、大抵は裂いた穴子やさかい解りにくいが、側面の上部に一列に並んだ白い斑点があるのが、昔使われた天秤量の目盛りに似てると、東京ではハカリ目と呼ぶそうですな。呼び方をいえば生れ立ては透明で柳葉状、ウナギも同じレプトセファルスでノレソレ、ベラタ等の地方名もあるけど、小型の穴子になるとビリ、そして穴子で特に大きいものはデンスケまたはベエスケ、デエスケ等と実にややこしおます。

穴子料理といえば、神戸開港以来百有余年を穴子ずし一本で通した老舗の「青辰」はんは惜しまれて閉店しはったけど、泉州の漁港の食堂で開いた穴子の頭だけ落として長いままの丼やそば、うどん、人気の高い

あなごりゅうがんあげ
ともあん　あおとう　しょうが
カラー写真 39ページ
材料と作り方 226ページ

のは天ぷらにきざみ葱をタップリ乗せたんに生醤油をかけるだけ。美味いけど料理屋としては真似るわけにも行きまへんのでねェ。

ちょっと工夫して、かための温泉卵の黄身、生ハムを巻いて、穴子は下煮してから皮目にやわらかい摺り身を粘状に付けて巻き、海苔を巻き、青海苔粉を合わせた白扇揚げにして、二つに切ると、青龍の眼玉？ってとこで、「穴子の龍眼揚」。穴子の煮汁を調えて吉野葛を引いて被けましてん。

# 夏

## 上野 修

### 割鮮《かっせん》

割鮮 其々味造り
車蝦　蛸の湯あらひ　黒鮪　鯛の昆布〆　太刀魚
烏賊の鳴門　鱧雲丹

かっせんそそみづくり
くるまえび　たこのゆあらい　くろまぐろ　たいのこぶじめ
たちうお　いかのなると　はもうに

カラー写真 40ページ
材料と作り方 226ページ

「量は要らん。色んなモンいっぱい食べたいねん。」

こんな言葉が当たり前になって久しいですが、日本人の食はとんどん細くなってきているように思われます。

一品目の刺身の一人前が、昔は11切れもあったというのはさすがに驚き！　今はだいたい5～6切れが平均でしょうか。寿司屋でも少し前まで3貫の店がありましたが、今や2貫が主流で、1貫注文ＯＫも当たり

上野 修

前になっております。

最近でこそ色んな付けだれが登場してきましたが、その昔は酒に梅干と昆布の風味を移した煎り酒が主なたれでした。やがて醬油が作られ、それが馴染んだ結果、魚が何であれ、醬油と山葵の一本槍の時代が続いたのは周知の通り。

しかし、日本料理のメインディッシュの一つである割鮮（加熱せずそのままの食品の意。和訓読みは「アザラケキヲサク」）が、全くの生魚のみに醬油だけだとチト寂しいんやない？少し炙ったり、湯引きしたり、脱水したり。また、たれもその魚に合わせて変えるとより楽しいのでは……。生で食べることを主目的に置きながらも少しは手を加え進化しないと他の国の料理に勝てないんやなかろうかと思い、こんな割鮮を提案して何年になりますやろか……。

刺身用の食材は日本料理店で一番材料費がかかり、使いきれなかったときのダメージは大きく、おまけにこの割鮮は種類も必要ですので、初めはこんなん始めて大丈夫かいなぁ？と不安でしたが、今や御注文頂く割鮮の殆どがこれになっております。


一魚一切一たれ。

その愛しさが一切れに向き合って召し上がって頂けるようです。


世界中で刺身・寿司ブームが興っていると言われておりますが肝心の日本人は刺身離れしてきていると聞きます。もう一度少しでもこの生食文化に振り向いて頂けたらありがたいなという想いもありました。

……ってなことをエラッソー（偉そう）に言っておきながらですが、醬油ってやつは、まぁしかし凄いやつですわぁ。どんな生魚介にも合いますもんねぇ。

やっぱ、醬油と山葵は鉄壁のゴールデンコンビなんでしょうかねえ。

# 石川早生、泉州蛸、勝間南瓜

いしかわわせ　せんしゅうたこ　こつまなんきん

## いも　たこ　なんきん
## 石川小芋　柔ら蛸　勝間南瓜
## 姫おくら　香り柚子

いもたこなんきん
いしかわこいも　やわらたこ　こつまなんきん
ひめおくら　かおりゆず

カラー写真 42ページ
材料と作り方 227ページ

「とかく女の好むもの　芝居　浄瑠璃　芋蛸南瓜」とは、浮世草子作家の井原西鶴の一節。

まぁ、何となく現代でも当てはまりそうな気がしますが、この女性の好物三点セットを一つに纏《まと》めてみました。


先ず芋は石川早生。

いまや全国各地で栽培されているこの芋は実は大阪原産であります。大阪の大和川の源流の一つの石川付近の石川村で栽培されたのが始まり。ぬめりが多くなく料理しやすく、収穫時期が早い上、この愛くるしい真ん丸い形から陰暦8月の十五夜名月にも用いられた。

蛸は泉州蛸。

岡田浦港は旨味と色ツヤの濃い蛸が捕れます。柔ら蛸とは言え、これをある程度歯応えを残して炊いておきます。

おっと、そう言や九つ違いの弟の直哉の食い染めに蛸が登場したのを記憶しとります。初めて見る食い染め。まだ赤ちゃんの直哉に食べさそうとしたことにビックリ！「直ちゃん、まだ歯ぁ無いのにこんなん食べられへんやん！」と心配する私。

さてこの物語は、

上野　修

（その一）とても美しき兄弟愛のお話？

（その二）イヒッ！　ひょっとしたら自分が食べたかっただけ？

まぁここは無難に（その一）にしとこうっと。

んで、さて最後は南瓜で、勝間《こつま》南瓜。

大阪は西成区周辺で江戸時代から作られていたという日本カボチャ。さらっとした味は本来は日本人好みのはずですが、食の欧米化が進むにつれ、濃いめの西洋種が台頭してきました。堀が深くでこぼこで調理しにくい形も衰退に拍車をかけたようですが、今これを頂くと子供の頃の味覚にリセットできそうな気がします。今日はこれを使って含め煮と一部を裏漉し摺り流しに。

こんなうまいもん女性だけのものにしとかんと、さぁさ男性の方々も是非是非！

※岡田浦港＝大阪府泉南市

# 鮑

あわび

## 千枚鮑の真昆布茹で
## 若布ドレッシング　肝味噌だれ
## 紅芯大根　裏漉し百合根

せんまいあわびのまこんぶうで
わかめどれっしんぐ　きもみそだれ
こうしんだいこん　うらごしゆりね

カラー写真 43ページ
材料と作り方 227ページ

国内産の鮑で一般的に食用とされているのは、クロアワビ・メガイアワビ・マダカアワビ・エゾアワビの4種。この中で私が好んで使うのはクロアワビ。おそらくどう調理してもこれが旨い。あとのはほとんど使うことがない。

夏に旬を迎える鮑は貝類の王者と言っても過言ではないように思う。個人的にもこの食材には思い入れが強く、それは私の修行時代の師匠・三重県は志摩観光ホテル元総料理長高橋忠之氏のスペシャリティの一つが「鮑のステーキ」。

ええっ！

焼いた鮑に普通のテーブルナイフが〝スーッ〟と入る！

なんで⁉

なんでやのん⁉

鮑ってかたいモンやないのん⁉

と、フランス料理たるものをほとんど頂いたことのない和食畑で育った私にとりましては衝撃の一皿でした。そんな程度の私を育てて下さった師匠の至高の一皿。私の鮑料理の原点はそこにあるのかもしれません。

今回の料理は、より日本料理的にシンプルに。

鮑は極力薄切りし、一度若布を炊いた真昆布出汁で茹でるのですが、注意したいのはその温度。グッと低めにし、鮑がソフトで滑らかに仕上がるように。ガッツリ歯応えのある鮑は勿論旨いのは間違いないですが、この優しい食感もまた別の鮑の魅力に出会えます。

鮑の大好物の若布をドレッシングにして、肝もアクセントにし、ねっとりとした百合根のピュレを絡ませて磯の香りと大地の温もりを、さあさあ召し上がれ！

上野 修

# スッポン

## ○椀
## 打ち茗荷　おくら

子供の頃、奈良の猿沢池で沢山の亀に混じったスッポンを見た。祖母に「アイツは食らい付いたら雷落ちても絶対に放さん」と聞かされて、甲羅に筋がなくヌメーっとしたルックスと相まって、私はスッポンには「不気味で怖い生き物」というレッテルを貼ってしまっていた。

そんな私が食用亀だと知った時はどんな気持ちだったのか。

スッポンを初めて頂いた時のことは記憶になく、気付いたときには、見た目に反してなんて繊細で力強い味を出すんだろうと、すっかりお気に入りの食材となっていました。

２００５年前後でしょうか。仲間達と滋賀県のとあるスッポン料理専門店に行く機会がありました。我々より２週間程早くに行った別の仲間から、「あそこの御主人、お肌がツヤッツヤでしたよぉ」っと聞いており、そして、いざお会いしてみますと、〝ツヤッツヤ！〟を通り越して驚きの〝テッカテカ!!〟　これもスッポンコラーゲンのお陰なんでしょうかねぇ。水槽を拝見しますと澱みの無い真水の中でゴソゴソしているスッポン達。一匹取りだし首を一撃。滴る生き血を器に入れたかと思うとハイと差し出されましたが根性なしの私は勿論パス。その分も仲間が幸せそうに頂いておりました。

以前一度だけ、業者から「十数キロの天然のスッポンが居るけどドナイするぅ?」と連絡を貰い、即買いしたことがありました。出汁は素晴らしかったんですが、いかんせん身がかたい。何時間炊いても、一向に

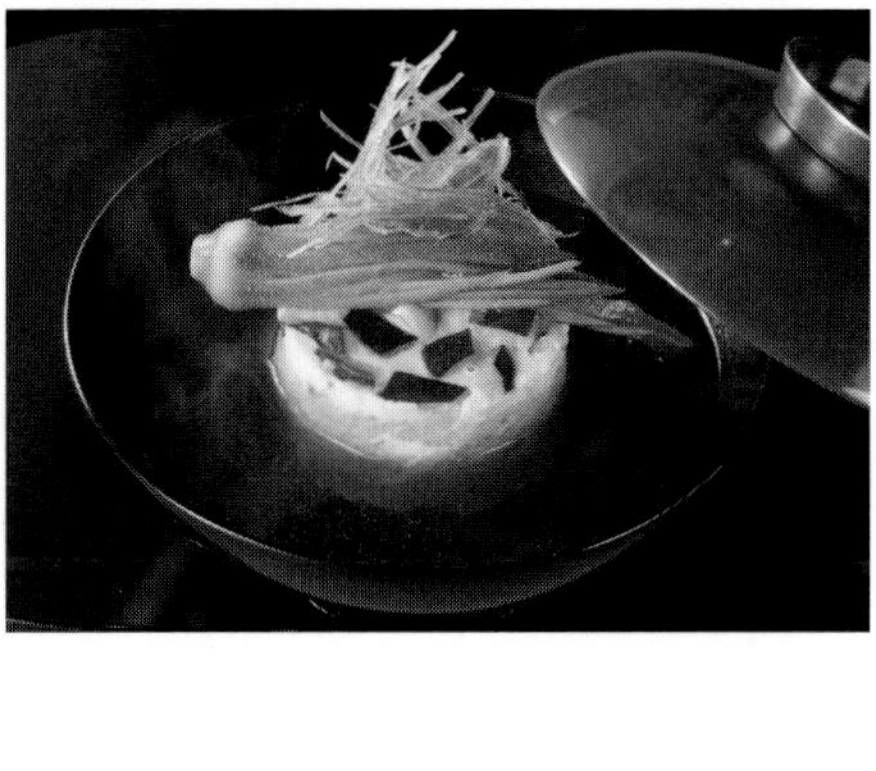

まるわん
うちみょうが　おくら
カラー写真 44ページ
材料と作り方 228ページ

やわらかくならないので、ゼラチン質の部分だけ使った記憶があります。

今回は椀種を滑らかにしたく、身は真薯にし、ゼラチン質の部分は卵豆腐で寄せて二層にしてみました。

出汁にはまだ微かに淡さを感じる新生姜の絞り汁と、針茗荷の香りで頂きます。

これでお肌がツヤッツヤ……いやいや、テッカテカかも⁉

# 車蝦　くるまえび

## 車蝦の枝豆揚　蝦香合わせ味噌
## 糸瓜　万願寺獅々唐

くるまえびのえだまめあげ　かこうあわせみそ
いとうり　まんがんじししとう

カラー写真 45ページ
材料と作り方 228ページ

茹でると丸まり紅白の縞模様が鮮やかな車蝦。この状態が車輪のように見えることが名前の語源だそう。

また車蝦の中でも小型のものは「サイマキ」と呼ばれております。これは真っ直ぐな状態の車蝦が、葛藤《つづらふじ》を巻いた刀の鞘《さや》に似ていることから鞘巻《サヤマキ》と呼ばれていましたが、それがなまりサイマキとなり、やがて小さな物だけを指すようになったようです。

刺身よし・煮てよし・焼いてよし・揚げてよしと実にオールマイティーな食材で、このテの蝦の中でもその存在感はピカ一で、器の中に車蝦があるだけで料理全体に華を添えてくれます。まぁ、値（段）もソレナリですが、蝦好き指数世界一の日本人にはそんなことはお構いなしなんでしょうかねぇ。ことわざで「海老で鯛を釣る」というのがありますが、これは少ない元手や労力で大きな利益をあげることを意味します。しかし今、車蝦でそんなことしたらえらい赤字になるのは必至。お鯛さんまでますます高価になってしまいます。

蝦は腰の曲がった前屈みの姿から海老とも書かれますが、逆に歌舞伎の表現で、相手の耐え難い圧力を受けている時の表現に「えび反り」があります。

かたい殻を被っている割には結構柔軟。

う〜ん。恐るべし身体能力。

この一皿は、腹開きした部分に枝豆入りの蝦真薯を塗り付け躍動感が表現できますように「えび反り揚げ」にしてますが、これは大阪城天守閣の鯱《しゃちほこ》を見たときに思いついたもので、「えび反り揚げと言うよりもむしろ「鯱揚げ」のほうがしっくりくるのかも……。

# 夏

## 上野直哉

### 鱧《はも》

鱧の生霜造り
山葵二杯酢　柚子胡椒酢　蓮芋叩き梅のせ
花穂　紫芽　花蓮根　撚り人参

はものなましもづくり
わさびにはいず　ゆずこしょうず　はすいもたたきうめのせ
はなほ　むらめ　はなれんこん　よりにんじん

カラー写真46ページ
材料と作り方229ページ

京都の「祇園鱧」、大阪の「天神鱧」。夏の風物詩の定番である鱧は、「西南海に多く、東北に全くこれなし」と言われるように、関西の食を語る上では外せないものです。

大阪の祭つぎつぎ鱧の味　月斗

「鱧は梅雨の水を飲んで旨くなる」と、昔から産卵前の7月ごろの鱧を食すのが習わしで、殊に祇園祭や天神祭のまつり期間中は、鱧の相場がコロッと変わってしまうほど。然も関西人が愛して止まない魚ですが、フグ同様、これがなかなかにして素人には料理できないもの。先端が枝毛状に分かれた小骨が約600本もあるために、「骨切り」が欠かせないのはご承知の通り。その上、骨切りによって身の表面積が増えることで、火の入れ方が難しく、旨味が流れ出やすい。「鱧ちり」は、京都では「落とし」、神戸では「湯引き」と称されますが、同じもの。火の入れ方次第で、職人によってかなり味が変わるものです。

また、鱧自体、時季や産地によって肉質が変化するので、それなりに調理法を変える必要があるように思います。先日、祇園のある老舗割烹店のご主人から、「京都の夏鱧は脂の少ないのんがええんやと、うちの爺さんから教えられました。」という話を伺いました。これは私にとって大変印象的な言葉でした。確かに、秋鱧より脂の薄い夏鱧は、「落とし」でさっぱりと頂くのが、うだる暑さの京都において、最高のご馳走だったのかもしれません。その時季のものを、その時季に食べたい食味に仕上げる技というものがあるんですね。鱧は、産卵期を除いたほぼ一年中美味しい魚ですが、そんな中にも味わいの変化があるのが面白いところです。

私の夏鱧の表現は、皮目だけを湯引きにしたお造りです。土瓶蒸しや焼霜にして美味しい秋鱧ほどの脂はない時季ですし、皮の焦げた香ばしさよりも、上品な旨みを逃さず、且つすっきりと仕上げたかったことと、

上野直哉

「はもちり」にはない、身のしっとり感を出そうという意図からです。みずみずしい淡白な身を味わうには、梅肉では強すぎるので、柚子胡椒を効かせた橙酢で。

# 茂魚《あこう》

## 茂魚の酒汐蒸し
## 橙酢油流し　フィンガーライム　共子湯引
## 冬瓜　玉葱　ラディッシュ　黄金いくら

あこうのさかしおむし
だいだいすゆながし　ふぃんがーらいむ　ともこゆびき
とうがん　たまねぎ　らでぃっしゅ　おうごんいくら

カラー写真 47ページ
材料と作り方 229ページ

幻の魚などと呼ばれることが多いハタ科の魚の中で、大阪人にとって一番馴染み深いのが、アコウことキジハタ（雉羽太）。青森辺りから台湾、中国、朝鮮半島に生息するもので、日本では、日本海ものが多いですが、瀬戸内海のものが特に良いように思います。実は冬場も実に美味い魚なのですが、水温が下がると深場でじっとしていて、冬の漁獲量が極端に少なくなるため、市場に出ることが殆どありません。反対に、夏場は比較的浅場で活発に活動するので、産卵前の6月から7月あたりが一般的には旬とされているようです。ちなみに、関東でアコウと呼ばれるものは、アコウダイという全くの別種。メヌケとも呼び、味噌漬けや煮付けにして旨い魚です。

ところで話を戻してこのアコウ（キジハタ）、他のハタ科の魚同様、成長途中で性転換することで知られています。

幼魚の間は、両性の特徴を持ち、その後全てがメスになり、体長が40

センチを超える頃に、オスに変わります。こう聞くと、一見とても珍しい魚のように思えますが、調べてみると、性転換する魚は３００種以上。真鯛や黒鯛もそうなので、決して珍しくないんですね。

西日本では、「冬のフグ、夏のアコウ」と称賛されるほどの淡白で繊細な白身を味わうには、薄造りが喜ばれます。包丁で鱗を丁寧に剝き引《すび》きした後、胸鰭の下に身をたっぷりめに残して襷《たすき》に落としたら、まず上身は薄造りで供します。そして、残った贅沢なアラは、霜降りをして丁寧に洗い、酒蒸しか煮付けもたまりませんが、今日は、日本酒と白醤油ベースの浸け地に半日置き、フライパンで焼き目を付けてから、熱々の蒸し器で蒸し上げました。中骨や肝、胃袋、真子も添えて、柑橘系のドレッシングをかけたら、繊細な中にもアコウの旨みが増幅され、夏の魚の王者たる風情に。

１尾で２名様限定の、贅沢な一皿です。

# 伊佐木《いさき》

## 伊佐木の香醋焼
刻み青唐　酢どり茗荷　新銀杏酒煎り
新甘藷檸檬煮　八代おくら雲丹香煎

いさきのこうずやき
きざみあおとう　すどりみょうが　しんぎんなんさかいり
しんかんしょれもんに　やしろおくらうにこうせん

カラー写真 48ページ
材料と作り方 230ページ

「麦藁鯛」や「麦藁蛸」は有名ですが、「麦藁イサキ」をご存知の方は少ないかもしれません。いずれも麦の収穫時期である初夏に獲れるものを表していて、麦藁鯛の場合は、丁度産卵後にあたるので、身が痩せ不味いもの。対してイサキの場合は、いわゆる旬の最も美味しい時季を指す言葉です。背鰭が鋭く、その形が鶏冠《とさか》に見えるところから、中国では、「鶏魚」と呼ばれるこのイサキ。夏の間が旬の白身魚で、東北以南から台湾付近までが生息域なので、その美味しさは広く知られていますが、魚種の格付けとして今一つ評価が低いようで。まず考えられる理由としては、水揚げ量の多さと、内臓が大きいので鮮度落ちが早く、時間とともに磯臭さが出てくるためでしょうか。その昔は、下魚《げざかな》として扱われていたようですが、鮮度維持ができるようになった現代においては、大衆魚として大いに利用するべきでしょう。縦縞模様がはっきりとしている幼魚、通称「瓜坊《うりぼう》」も、小さい分手間はかかるが、美味しいものです。

ツクツクボウシが鳴く、夏も終わりに差し掛かった頃、瀬戸内から極上の活けものが入りました。シーズン最終版のイサキは、中国の鎮江香醋《ちんこうこうず》を醤油と一緒に煮詰めたたれで焼き、夏の名残りを感じる青唐を刻んでのせてさっと炙りました。豊かなコクと、落ち着いた酸味が、淡白で上品な身を包んだ大人味です。

# 栄螺《さざえ》

## 栄螺の大船煮と白和え　共肝餡
青柚子　蔓紫　隠元豆　海葡萄

さざえのたいせんにとしらあえ　ともぎもあん
あおゆず　つるむらさき　いんげんまめ　うみぶどう
カラー写真 50ページ
材料と作り方 230ページ

サザエの語源には諸説あり、「たべもの語源辞典」（清水桂一編・東京堂出版）によると、ササエ（小家）だとか、小さなエ（柄）を多くつけた

貝＝小小柄が栄螺になったとか、サザレ（礫）の転訛《てんか》だという話までありますが、いずれか定かではないようです。また、漢字で書く場合、目出度い意味の「栄（さかえ）」が「サザエ」と似た響きを持つという理由でつけられた「栄螺」という字のほかに、形からの発想で「拳螺」とあてたりします。確かにこれはこちらの方が意味合いとしては納得かもしれませんね。語源にしても字にしても、その特異な形状を形容したものばかりで、その姿を見れば、春から夏にかけての海辺の波音が誰でも簡単に想像できることでしょう。さらに茶の湯の世界でも、利休が好んだ栄螺の蓋置は、サザエの貝殻そのものを用いたのが起源だとか。

かくが如く姿かたちの美しさも喜ばれるサザエですが、味もよいのは皆様ご存知のところ。特に苦味の効いた肝が格別で、壺焼きの場合の美味しさは、殻から最後に出てくる渦巻き部分にあるように思います。身の方も磯の香りと歯応えが魅力ですが、加熱調理の場合は注意が必要です。火を入れすぎるとかたくなるので、一般的には焼き過ぎや茹で過ぎは禁物です。但し、貝類と大豆と煮込む古典料理「大船煮」は別物。アワビやトコブシでする場合が多いようですが、サザエも同様で、大豆に含まれる酵素の作用でサザエの身はやわらかくなり、大豆にはサザエの旨みがしっかりと入るという料理です。いやぁ先人の智慧はたいしたもの。ところでこの大船煮の語源ですが、一説には、たっぷりの大豆の海に、アワビやサザエといった船が浮かんでいるかのように鍋で煮込む様子からとも言われています。

夏

上野直哉

# 進美茄子《しんめいなす》

## 翡翠茄子と蓴菜、蒸し鮑の冷し鉢
## 喰出汁　もぐさ生姜

兵庫県の北部、日本海に注ぐ円山川の歴史は、まさに水害の歴史です。兵庫県豊岡市の中心を縦貫するような形で流れているこの川の下流域は、標高が低く、勾配が極端に緩やかであるために、台風などの影響で度々洪水氾濫が発生し、住民を苦しめてきました。しかし氾濫の度に、周辺へ肥沃な土砂を運ぶことで、見方によっては、農作物にとっての恵まれた土壌環境を造る機会でもありました。

日高町赤崎地区の吉谷俊郎さんが作る「進美なす」は、お隣の八代地区で代々作られ続けていた白茄子の種が元で、もう30年近く自家採種されています。皮が白っぽい薄緑色をしていて、米茄子のような形。たっぷりめの油でフライパン焼きにすれば、とろっとふんわりした独特の舌触りに変身します。この食感こそが「進美なす」の魅力で、油で揚げて翡翠茄子にし、よく冷やした喰い出汁に浸すと、つるっとした喉越しが、火照った体の熱を取り去ってくれるようです。

吉谷さんが毎日欠かさず書き留めていた農作業日誌。それは、作業のスケジュールなどこれまでの膨大なデータと知恵が集積された、それは大事な大事な「虎の巻」でしたが、数年前の洪水が奪ってゆきました。しかし、不屈の精神で今後も書き続けるとおっしゃいます。

「こればっかりは、人間にはどうにもならんでねぇ。」と笑う吉谷さん。厳しい自然条件を肯定的に受け止め、素直に向き合う姿勢に、頭が下が

ひすいなすとじゅんさい　むしあわびのひやしばち
くいだし　もぐさしょうが

カラー写真 51ページ
材料と作り方 231ページ

ります。
そして、また今年も素晴らしく上出来のナスが届きました……。

# 秋

上野修三

## 鯔《ぼら》

鯔の紙締　けずり唐墨
鯔の昆布締　昆布粉被け　茗荷　すだち
鯔の琥珀漬

学校はまだ無かったろうし、塾にも行けん昔の子供が、口減らしかたがた商家に奉公に上がると、その呼び名が初め○○どんから○○吉、少し経って○○っとん、と、年数や役職によって変わるように、鯔も20センチ位からオボコ、イナ、ボラ、トド、また関西ではイナッコ、スバシリ、イナ、ボラ、トドと、成長につれて呼び名が変わって、下魚とされるも庶民の中ではこれも出世魚でおます。

大阪で三百数十年もの老舗の「鮨萬」名物の雀鮨《すずめずし》はイナに始まったともいわれるが、このイナの頃は河口の辺りに多いって理由か「江鮒《えぶな》」と

ぼらのかみじめ　けずりからすみ
ぼらのこぶじめ　こんぶこかけ　みょうが　すだち
ぼらのこはくづけ

カラー写真 56ページ
材料と作り方 232ページ

も書くそうな。これを過ぎてあの子宝といえる唐墨を作るボラとなり、更に大きくなってトドと呼ばれると出世もおしまいでトドのつまり。

塩梅ではイナッコの鰓《えら》を取って腹腸《はらわた》を抜き、鰓蓋のところから特殊な包丁で骨も抜いて甘味噌を詰めて焼いた「イナ饅頭」は愛知県の郷土料理やが、簡単には姿焼きにして甘味噌をつけて焼く「魚田《ぎょでん》」、「味噌汁」、大きくなると「洗い」に「濃漿煮《こくしょうに》」、「昆布締め」と、かつての大阪では庶民の味として食べられたが、唐墨以外は、地方によって鯔ぐらい評価の異なる魚は珍しゅうおますな。魚好きの猫さえ嫌うてまたいで通るってネコマタギとはひど過ぎまっせ。大阪では特に寒鯔に人気があって、釣り人の竿が林のように並ぶのが風物詩であったといいまっせ。贅沢に唐墨を焙って……なんて言わいでも、胃の幽門部をヘソとかソロバン玉というて、「塩焼」、「田楽」、「煮付」、「天ぷら」にして、ちょっと一杯はどない？

さて、写真は割鮮（アザラケキヲサク＝生食の意）としての三様でおますが

・紙締とは、あるかなしかのごく淡い塩をして脱水シートで2～3時間挟み唐墨を薄く削ったものの味を添えて
・昆布締には、おぼろ昆布の粉を添え
・別にレシピで書いたように糀と八丁味噌に漬けたもの

古めかしい食べ方のようでも、全て私の創案でっせ。お口に合いますやろか。

# 秋鯖

あきさば

## 焦し鯖船場煮

白滝大根・葉　紅葉人参　みじん茗荷

鯖といえば「秋鯖」と口を衝《つ》いて出るし「嫁に喰わすな」、てなことになりそうですな。鯖には真鯖と胡麻鯖があって、やや平ったくて波状文様の真鯖は春の産卵後の夏は体が弱っているせいか「鯖の生き腐れ」と言われるように傷むのが早いし、体内には膿《うみ》が見られることもあり、アニサキスという7、8センチもある糸状の寄生虫が棲んでることもある。それはメジロ（若鰤）などにもあって、生食の場合にうっかり口にすると苦しいアニサキスは逃げようと人の胃に喰いつくと激痛が起きるので要注意でっせ。

その後の鯖は栄養をとって体調よく太るのは秋から冬なので秋鯖が賞されるが、それは漁船が優秀なものになった明治初期からのことで幕末までの漁船はまだ小さくて荒れやすい秋鯖漁には転覆して帰らぬ漁師が続出して家には女房が残されるから秋鯖の棲む礁を「後家礁」と恐れたと何かの書で読んだ憶えがおます。昔のお人は旨い秋鯖をふんだんに食べられなかったようですけど、それ故か、俳諧では単に「鯖」といえば夏の季語になってるし作例も多いですな。胡麻鯖（丸鯖）は大方暖海の沖に多いらしく、真鯖の劣る夏はこの方が味がええとされてますな。そして夏に北上して千葉や北海道に行ったころが秋鯖という訳だとすれば大阪で昔から庶民のおかずにされた「船場汁」の塩鯖はその途上で獲れた脂肪の少ない夏ものの保存策で安値《やすね》だったからか、それとも胡麻鯖

こがしさばせんばに
しらたきだいこん・は　もみじにんじん　みじんみょうが

カラー写真 57ページ
材料と作り方 232ページ

上野修三

# 跳荒蝦 とびあら

## 捏ね蝦の新挽揚

## 銀杏雲丹揚

だったのかもネ。その船場とは、色々と説のある中で、大阪の問屋街の商家の従業員のおかずに始まるので、塩サバの辛さを大根の旨味でやわらげた塩味のアラ汁やったけど、ここでは料理屋風に切り身を皮面だけ焦がしたもの、出汁は塩っ辛いアラを洗うて昆布出汁で煮出したもの、大根もこの吸い出汁で煮るとまろやか。関東での鯖料理は味噌煮とか煮魚が多いようだが、関西では「生鮓《きずし》（締め鯖）」か「棒鮓」やろか。近ごろでは○○鯖など産地名やら商標をつけて活き鯖で全くの生鯖を刺身で食べるようにすすめる風調があるけど、私ゃ昔通りに一旦は強塩《ごうじお》を当てて洗い流して酢洗いか、できれば柚子や橙酢を潜《くぐ》らせて生姜醤油で食べるんが好きでんなあ。アニサキスの心配も要らん。塩を当てて一晩、いや二晩も寝かせた焼き鯖が大好きですわ。

ところで、鯖にも保護色があるそうで、あの背の色が水面から見たら小波のようだし、海中から見たら空の光と腹の銀色がギラギラと光って見えにくいという誤摩化し法やけど、そういやァ、「サバを読む」って誤摩化し方があって、物を数えるとき、一ツ、二ツではなく「ひとやひとや～ふたやふたや～みとやみとや～」と珍妙な節をつけて実際より多く読んだり少なく数えたりして誤摩化すって、鯖の数え方に始まったといいますなあ。

---

つくねえびのしんびきあげ
ぎんなんうにあげ

カラー写真 58ページ
材料と作り方 233ページ

「蝦で鯛を釣る」、それを略して「エビタイ」なんて言葉あるけど、「まさか伊勢海老で鯛は釣れへんやろ」と臍曲りをいうのやない、「蝦おどれども川を出でず」って諺もあって、小さい蝦で大物を得るって意味ですよって。「山椒は小粒でもピリリと辛い」って人もあり、秀吉や家康のように小男でも切れ者であったに同様、トビアラはトビ、雑魚《ざこ》とか、エビジャコと呼ばれて小さく、獲れたては白っぽいが時間が経つと赤みがさして「トビアラ」とは呼ぶものの当てられる漢字がおまへんので、実は「跳荒蝦《とびあら》」とこの字を当てたん私で、世間じゃ通用しまへんから悪しからず。でも、東京は芝浦育ちの「芝蝦」にも似て同じく見かけに寄らずクルマエビ科のエビとあって生態も似てるそうな。この蝦のほんまの名はサルエビやのに大阪では何故《なんで》かトビアラ。旬は5～11月と長い、北海道西岸から三陸沿岸以南の日本各地の内湾で獲れる庶民の味、皮がやわらかいので「空揚」やら「塩焼」、「付焼」、他の小魚と皮ごと崩して摘みれにする「崩し」など塩梅も簡単なとこが素人はんの喜ぶとこだすな。料理屋なら皮をむいてから塩梅するのが常とするなら、皮も捨てずに遠火で焦んがり焙って粉にしたのを食塩に混ぜて掻き揚げに振りかけるもよし、天ぷらの衣に混ぜるもよし、摘みれ団子に入れても香ばしい上にカルシュームがとれるから一石二鳥でっせ。高級魚釣るんやさかいって鯛の餌だけではもったいない。

見映えがよくないと言うて総菜だけでは惜しい旨さやさかい、料理屋でも付け合わせくらいにはできる一品を考えてみまひょ！

上身は真丈地にしてエビ味噌を混ぜておき、皮はこんがり焙って粉にして、これも混ぜて一口大の団子に取り、残しておいた足をくっつけて、肉にだけみじん粉を付けて揚げました。あしらいとして銀杏を米と共にやわらこう茹でて雲丹味の白扇揚げに。その一部の青いのと団子の天盛りは青海苔粉でおます。

上野修三

# 秋大豆《あきまめ》

## 豆飛龍頭の湯葉巻煮
## 子芋八方煮　いんげん豆　柚子

穀物とは、人間がその種子を常食とする農作物、と辞書にあって、日本国のことを、豊芦原瑞穂国《とよあしはらみずほのくに》（稲が豊かに生い茂り、栄える国の意）とした美称もあるように、日本の常食は米を筆頭にして、麦、粟、黍、豆の五種を代表とし、これを五穀と定められてきたが、この中で主食の座から少し遠いのが大豆でおますが、副食としては最も大切でその代表、いやトップに挙げるべき存在ではないやろか？　そのマメ科植物には、ダイズ、アズキ、ササゲ、エンドウ、ソラマメ、インゲン、ラッカセイ他、約一万三〇〇〇種あるというけど、中の代表といやァやはり大豆ですわなあ。

東南アジア原産といい、単に豆といやァ大豆のこと。青い莢豆を枝豆というのは、水田の畦に植えた大豆を米の収穫どきに枝つきのままで茹でて食べたことに始まるからで、その旬も陰暦9月十三夜の豆名月のころ、秋もたけなわが本真《ほんま》の旬といえますな。秋大豆と書いてアキマメは今年の秋に獲れた新大豆《しんまめ》、今年豆《ことしまめ》のことで煮え易いし香りも高い、味のええのも当たり前やけど、一年を通して、それほどに味が劣ることのない大豆は畑の肉とも呼ばれる栄養食材でっさかい、さまざまな副食がある中でも毎日飽きずに食べられるのは豆腐に納豆でしょうなァ。私ゃ大阪で生まれ育ったけど納豆は好きで、小さな店を独立開店した時に「納豆雑炊」なるものを売ったことがあったけど大阪人は仲々馴じんでくれ

まめひりょうずのゆばまきに
こいもはっぽうに　いんげんまめ　ゆず

カラー写真58ページ
材料と作り方233ページ

ず、それでも恐る恐る挑んだお人は再度オーダーすることもおましたナ。それはよう擂った信州味噌の汁に水洗いした飯を入れて煮立ったところにすかさず叩き納豆を入れて溶き玉子を引いて刻み葱、海苔を散らすだけ、炊き過ぎは禁物でっせェ。まあやって見なはれ！　生国魂田楽《いくたまでんがく》、高津の湯豆腐も大阪神社の名物にあるし、『豆腐百珍』なる本を出版するほどの豆腐好き、干し貝柱や干し海老にメイ（芽ひじき）など、諸子大豆《じゃこまめ》など炊いた「煮豆屋」やらその振り売りも、四天王寺の町では戦後もまだあったのに……。

写真の料理は思い付きのもの。やわらこう炊いた大豆を飛龍頭《ひりょうず》（がんもどき）の豆腐地に混ぜて生湯葉で棒状に巻いて揚げ、油抜きをして、淡口醤油の甘口八方地に浸して蒸し煮したもの。その蒸し汁に葛粉でトロミをつけ共餡に……。

# 柿《かき》

## 柿・海月の柿酢
## 銀寄栗渋皮煮　れもん白酢

かき・くらげのかきず
ぎんよせぐりしぶかわに　れもんしらず
カラー写真 59ページ
材料と作り方 234ページ

晩秋、たわわに実った柿は、農村に美しい彩りを作り出して郷愁をさそうが、こうした柿には渋柿が多いように、山地に自生する、俗に「山柿」はどれも渋い。聞けば昔々はみな渋柿であって、甘い柿が登場したのは鎌倉時代やとか。昭和の俳人高浜虚子の句に、「よろよろと棹がのぼりて柿はさむ」とある棹とは、細い竹の先を割って高い柿にのばして挟ん

上野修三

で捥《も》ぎ取る風景が思い出されますな。あの竹、私の郷里では「はそんばり」と呼んでたけど、「挟み竹」が正しいようですわ。渋柿は大概先が尖ってるけど、中には甘い柿があって、この柿は小形でも卵形で、中は小豆色の砂状の文様があった。

今食べてる富有柿や次郎柿、御所柿などの木は高くはならないので、秋の風景を詠むには高い木の柿が似合う。「柿食えば鐘が鳴るなり法隆寺」と、余りにも有名な正岡子規のこの句は、どの歳時記も柿の例句から外す訳にはいかんらしいが、子規は比類のないほど柿を好物としたようで、「子規よりも多くの柿を食い得しか」なんていった相生垣《あいおいがき》瓜人《かじん》の句がおますな。

さてここに使うのは岐阜県原産の富有柿を、私の妻の姉夫婦がもう一つの名産地は奈良の天理市で作るもので、わが長男の嫁がこの撮影のために車を走らせたものやけど、明治の俳人の子規が食べたのは果して何柿やったのかなあ。

毎年秋に、先ず富有柿、そして次郎柿と、どっさり贈ってくれるのをご近所にお裾分けして「柿膾」に「白酢和え」、かためのものは拍子木形に切って「山葵和え」、熟柿《じゅくし》になると蔕《へた》の部分を深うくり抜いてブランデーを入れ、スプーンで掻き出して食べる味は格別やけど、裏ごしにかけて酢と少量の塩を加えるだけで柿色のトロリとした和え地の柿酢ができまっせ。この柿酢が、この料理のテーマ。まず、柿はかためのものを釜にし、中肉は輪切りにしてタテ塩に浸し、別に海月を湯通しして土佐酢浸しにしたものと共に釜に入れて柿酢を被けました。栗は鬼皮を取って灰汁で茹で、そのまま冷して渋皮に付いている筋を取り、水、砂糖、濃口醤油で含め煮。レモン汁入りの豆腐白酢を被けました。

# 秋

## 上野 修

# 鰆と魳

さわら　かます

## 秋鰆と魳の燻し造り
### わさび菜　野生クレソン　チコリー

魚偏に春と書いてサワラ。

その字のごとく春が旬とされておりますが、回遊魚のサワラは瀬戸内海では産卵のために春に岸に押し寄せて来るのでそう言われます。しかし、これは漁獲の旬。身自体が本当に旨くなる味覚の旬は、産卵を終え体力も徐々に回復しだす秋以降。俗に言う秋鰆〜寒鰆です。

また出世魚でもあり、幼魚は狭腰と書いてサゴシ。成魚のサワラは狭腹とも書きます。私も幼少期〜青年期は確かに「狭腰」だったんですがねぇ。今の私は間違っても「狭腹」とは言えませんわねぇ。サワラって奴（もうこうなったらヤツ呼ばわり）は、腰や腹が細いまま出世して、おまけに小顔な魚。ホンマ腹立たしい奴ですが美味いから許すとしよっ。

対するはカマス。

細長い円筒状で口が大きく裂けているその風貌が叺（＝カマス。藁蓆《わらむしろ》を二つ折し底を円形にし両端を縫い閉じた袋。穀物や肥料を入れるもの）に似ている事がその名の由来だそう。英名はバラクーダ。バラクーダとは厳密には南の海に生息する体長2メートルにもなるオニカマスを指し、魚雷の名前にもあるようです。ズドンとした体型で時速150キロで獰猛《どうもう》に泳ぐ様が魚雷に似てるからなのでしょうか？

あきさわらとかますのいぶしづくり
わさびな　やせいくれそん　ちこりー

カラー写真 60ページ
材料と作り方 234ページ

しかし我々が使うのはアカカマス。

このカマス、食材として生真面目な印象を持っているのは私だけ……？　刺身や煮物で使われることが少なく、寿司か焼き物がもっぱら。味は良いくせに何処となく控えめで、地味に滋味。そうはいっても私個人としては、この時期の焼き魚の上位に、サワラと共にランクイン。

スモークは、ややもすれば同じようなテイストになりがちなので各々違った香りで……身に厚みのある鰆は桜チップでしっかりと。魚雷カマスは酒盗と松ヤニの香りで一発カマス！？

いずれも美味。

秋の夜長にぬる燗のお伴にいかがなもんで……。

# 菱蟹と河内蓮根

ひしがに　かわちれんこん

## 菱蟹の河内蓮根寄せ焼
## 松茸と菊菜の白ポン浸し（葉付柚子釜にて）

大阪泉州の岸和田に代表される「だんじり祭り」。地域により開催日は異なりますが、九月半ばから十月にかけて泉州各地で行われております。だんじりとは地車のことをさし、本体は宮大工さんの技術で作られ、装飾には刺繍幕や提灯などが施され、緻密な彫刻が素晴らしい工芸品。この地車に綱をつけ、各担当の息を合わせ豪快に引き回すという、今や全国区の祭りでありますが、よそ者？の私には理解するのが少々むずかしゅうて……。

ひしがにのかわちれんこんよせやき
まつたけときくなのしろぽんびたし　はつきゆずがまにて

カラー写真 61ページ
材料と作り方 235ページ

この祭りに欠かせないのが菱蟹。塩蒸ししたこの蟹の他、関東煮・くるみ餅等は定番のようです。ちなみにこのくるみ餅。胡桃を使っているという訳ではなく、大豆や枝豆の餡で餅をくるんでいるからくるみ餅なんだそうです。

さて本題の菱蟹。和名はガザミですが、一番下の足先がヒレ状になっており、まるで海をも渡るかの如く海中を泳ぎ回るのでワタリガニとも呼ばれ、この呼び名が一般的ですが、私どもは昔からヒシガニと呼んでおりますのでこの名前で続投。メスはまだ子は持っておらず身を楽しむ時期。私は蟹をせせることは仕事では平気なんですが、自分が食べるためにはどうも辛くって……。ましてやこの蟹の細かい軟骨？たるや大変ですわねぇ。しかし味は蟹の中では品格があり、ある菱蟹ファンのお客様が「これでこの蟹が食べやすかったら早ように絶滅してるわい」……と。

なるほど、そうかも。

河内蓮根とは、現在の大阪府門真市周辺で栽培されている蓮根。

この土地は水害が絶えず稲作に適さないとこから野生の日本種ハスが生えておりましたが、収穫も安定せず品質も良いとは言えなかった。その後、中国系のシナバスを原種とする加賀蓮根や備中蓮根の種を蒔き、やがて自然交配してお互いのエエとこ取りしてできたのがこの河内蓮根だそう。

擂り卸した河内蓮根は粘りがあり、モチモチするので、多く使うと菱蟹が負けてしまうほど。繋ぎ程度に使い贅沢に菱蟹を入れ、甲羅出汁の餡をかけて一匙口に運ぶと、あぁ～

口福。

※私共は写真の蟹を昔から「菱蟹」と呼んでおりますが、分類上の菱蟹は別種です。

上野　修

# 紅葉鯛と天王寺蕪

もみじだい　てんのうじかぶら

紅葉鯛と天王寺蕪
人参　柚子

真子や白子が充実している「桜鯛」に対して、純粋に身の旨味が味わえるのは「紅葉鯛」以降。

晩春に産卵を終え夏の間に体力を整え、その身は脂を持ちながら引き締まってきます。中骨から出る出汁は、おそらく魚類最強。じつに濃厚な味を出してきます。

そんな紅葉鯛が女房役に選んだのは大阪伝統野菜の代表選手の一つ、天王寺蕪。

名物や蕪の中の天王寺　与謝蕪村

思いでる鱧の骨切りすりながし吹田くわいに天王寺蕪　大田南畝《おおたなんぽ》

などとありますように、天王寺蕪は浪速名物の一つだったようです。「天王寺浮き蕪」とも呼ばれるように、偏平の根部は地面にチョコンと乗っかってるだけに見えますが、これは中心の根っこ以外のたくさんのひげ根で支えているから。

また、伝説で「信州野沢は健命寺の住職が大阪から天王寺蕪の種を持ち帰り、それを蒔いてできたのが野沢菜」とありましたが、今は遺伝子学上否定されております。こうやって研究を重ねて人類は進歩してるんでしょうが、野沢には記念碑まであり、天王寺とは友好都市にまでなってましたんやからもう少し〝浪漫〟ってやつを残しとていて欲しかったとなぁ。と思うのは私だけ？

もみじだいとてんのうじかぶら
にんじん　ゆず
カラー写真 62ページ
材料と作り方 235ページ

それはさておきこの蕪。先ずは肉質が緻密で煮くずれしにくい。また軸や葉も旨けりゃ剥いた皮まで旨い。こういうところが浪速好み。よっしゃあ！根部も皮も軸も葉っぱも全部使こうたろう！と、思わず始末精神がウズいてきての一品。

結果は？

やっぱ味に奥行が出てきましたなぁ。

う～ん、浪速の合理的料理。

今更ながらあっぱれ!!

# 椎茸《しいたけ》

## 双身能勢椎茸の茸餡
三つ葉　針柚子

椎茸の栽培法には大きく分けて菌床栽培と原木栽培があります。今や主流は菌床栽培。大きさや形を揃えやすく見映えもよろしいという利点があります。それと比べると原木椎茸は反ったり歪んだり。が、こと味覚の話となると別。その豊かな香りと深い味を一度でも知ってしまったが最後、それまでの不都合が帳消しになり、この香りをお客様にも是非とも味わってもらいたいという気持ちになります。

今回使った椎茸は、大阪の北部に位置する豊能郡能勢町産。肉厚ですので噛みごたえがよく、噛んでいるとじわぁ～っと底味を感じさせてくれます。もちろん香りも芳醇。この椎茸をドナイ活かしてやろうかと調

ふたみのせしいたけのきのこあん
みつば　はりゆず

カラー写真 62ページ
材料と作り方 236ページ

上野 修

理する上で格闘しがいがあります。

一方ここで使う鶉は和種でして、同じ業者が扱うヨーロッパ種の物と比べますと小型なので作業に手間もかかります。また、ヨーロッパ種の方が脂分が多く身質もソフトなので口に入れた直後は美味しく感じると思いますが、私の好みはこの和種。何といっても噛んでいくうちの底味がよろしい。もちろん、用途にもよりますが……。

そんな「鶉の真薯を椎茸の笠に塗って、鶉の骨からの出汁を使って……」となると、主役は当然鶉！……ってなことになりがちですが、いやいやこの原木椎茸はやはりほんまもんで、鶉と対等に張り合っております。自分が脇役だなんてチーッとも思ってないようです。

むろん餡の中の茸軍団の応援も大きいですがね。

えびいものはかたあげ
もちぎんなんのまつばざし　ほじそ　あおとう
カラー写真63ページ
材料と作り方236ページ

# 海老芋《えびいも》

## 海老芋の博多揚
## 餅銀杏の松葉刺し　穂じそ　青唐

海老芋は京芋とも言われますが、これは江戸時代に長崎から京都に入った唐芋《とうのいも》を、芋棒で知られる「いもぼう平野屋」の祖先が栽培したことが発端だそう。

海老のような縞模様から海老芋。海老のように曲がっているから海老芋。これはどちらも正解なのでしょう。

大阪での主産地は富田林の板持《いたもち》地区。栽培には肥沃で湿度がある土壌が必要ですが、大和川に合流する石川がこの条件をクリアするのに大貢献。しかしこの海老芋は気難しく肥料障害も受けやすいんだとか……。そして何よりも「土寄せ」と言われる親芋と小芋の間に土を入れる作業が重労働。後継者不足に拍車をかけてるようです。しかしこの作業を行わないと、海老芋の謂れの湾曲した形にはならない！というまったく大変な手間のかかる子なんですねぇ。

そんな農家の方々の魂の作品は、ねっとりとした舌触りと奥深いところにある滋味。

蒸して皮を剥きパラリと塩を振って頂いてみる。これだけで十分に旨い。正直、何も手を加えたくなくなる。しかしここは一応料理人ですので更に豊かな味へと一捻り。

一つは海老芋の滑らかな舌触りと一体化するようにホタテ真薯を。もう一つは蝦のプリっと感をアクセントにした二種類の博多を用意。

大地の力強さを感じて貰いたく豪快な揚げ物にしてみました。

上野直哉

# 皮剥魚《かわはぎ》

## 皮剥魚の肝味噌和え　薬味ぽん酢

芽葱　胡葱　柚子

「肝を潰す」「肝を砕く」「肝に銘じる」と聞けば、人にとっての肝臓（肝・胆）は、臓器としての重要性だけではなく、感情を掌《つかさど》る中枢とも捉えられてきたように思います。「肝の据わった奴」とは、自信に満ち溢れ、動揺しない度胸のある人。秋を界《さかい》に肝を肥らせるカワハギは、まさに堂々たる逸品で、身の美味さを味わう夏場以上に、カワハギらしさを楽しむことができます。まずは、尖がり出た口を包丁で落とし、断面から、紙やすりのような皮肌一枚をきゅっとつまんで尻尾に向かって一気に引き剥がします。皮が剥ぎやすいことから命名されたとあり、「身ぐるみ剥がされた」さまから、「バクチウチ（博打うち）」と呼ぶ地方もあるこのカワハギ、件《くだん》の厚くざらざらとした皮は、鮫《さめ》皮同様乾燥させ、山葵卸しや木工やすりとして利用されるようです。

茶鼠《ちゃねず》色の無骨な皮を剥ぎ取れば、中から現れるのは、艶のある薄鼈甲《べっこう》色をした美しき姿。身は骨が見えるまでに透き通り、薄い腹皮の下には、躰の三分の一もあろうかという肝が守られています。そっと傷つけぬように、肝を恭《うやうや》しく取り出したら、水洗いをし、薄めの塩水に暫く浸けて血抜きをします。さて、何にしよう……。肝が魅力のカワハギ、煮付けや、裏ごした肝で作る肝醤油でいただく薄造りも格別ですが、細造りにした

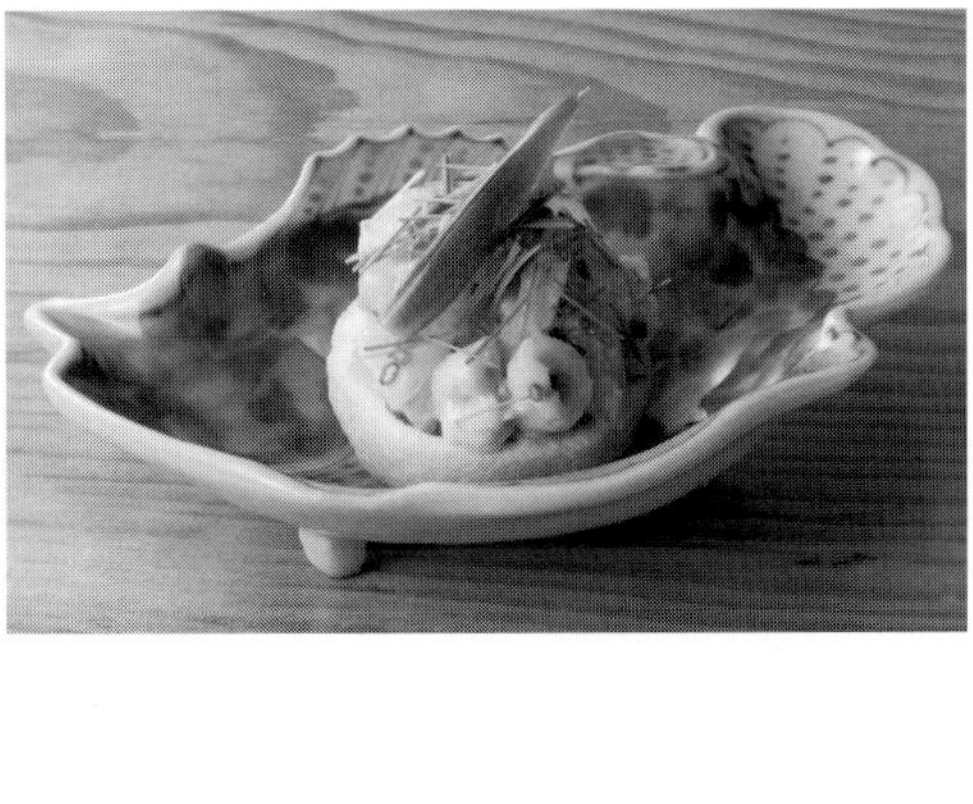

かわはぎのきもみそあえ　やくみぽんず
めねぎ　あさつき　ゆず
カラー写真 64ページ
材料と作り方 237ページ

身を、鹹《から》めの田舎味噌と混ぜ合わせた肝でさっと和えた肝味噌和えも、濃厚な旨みを更に増幅させた感のある、なかなかの佳肴《かこう》です。身皮を剝《す》き取った身は、厚さ半分に削ぎ、ごく薄い塩をあててから、脱水シートにくるんでおくとよいでしょう。もちっとした食感に変わるころに細切りにし、霜降りした身皮や、茹でた胃袋も加えて肝味噌で和えると、一合徳利が空になるまでに、この料理の「キモ」が何か分かるでしょうね。

# 鯧

まながつお

## 鯧の西京煮
## 笹掻き牛蒡　金時人参　菠薐草　針柚子

冬の季語とされるマナガツオは、和歌山から九州に至る太平洋側沿岸と、瀬戸内全域が主たる産地で、晩秋から早春にかけてが、最も美味い。江戸期の国語辞典、『倭訓栞《わくんのしおり》（谷川士清《たにがわことすが》）』に、「西国に鮭なく、東国にマナガツオなし。」との記述がみられるように、現在に至っても、関東ではあまり馴染みのない魚のようです。それにしても、疑問なのは、何故「マナガツオ」なのかということ。ここに興味深い一説があります。当時の江戸で持て囃《はや》されていた噂の「初鰹」というものを、一度食べてみたいと思っていた京の都人。残念ながら、足が早い生の「カツオ」を、当時は口にすることができなかったため、「その願い叶わぬならば、関西版カツオを創ってしまえ」……と、味はすこぶる佳いが、カツオ同様足が早く、反対に西日本でしか食べられない魚を、「西のカツオ」として仕立

まながつおのさいきょうに　ささがきごぼう　きんときにんじん　ほうれんそう　はりゆず

カラー写真65ページ
材料と作り方237ページ

上野直哉

て上げたという話。真偽のほどは明確ではないですが、東西粋人のプライドをかけた美味自慢は、なかなか楽しいですね。それにしても、この「マナガツオ」、数ある当て字の中で、似鰹《まながつお》には、「カツオ」に対する憧憬というか、幾分謙虚さが感じられますが、真名鰹《まながつお》や真魚鰹《まながつお》という字を当てる辺りは、「こちらこそが、ホンモノだ！」とばかりに、対抗意識がむき出しに感じられます。いずれにせよ、西日本の沿岸部では、古くから親しまれていたこの魚、鮮度がよく、身の厚い2～3キロのものは、しっとりとした肉質で脂もあり、極上の刺身としても珍重されますが、多くは味噌漬けにして焼くのが一般的。京の白味噌との出会いは、ご存知のとおり、「西のカツオ」の名を全国に知らしめるものになりました。

今日は、この白味噌で、やわらかな身を愛おしむように、優しく、こっくりと煮込んでみたら、上品な甘みが広がる味噌煮ができました。野性味ある牛蒡の魅力までも巧く取り込み、京都の街のように、旧いようでいて、実は新しい味。やれやれ、今回は、「西のカツオ」に肩入れしてしまいました。

# 山の芋《やまのいも》

## 丹波山の芋と零余子の薯蕷羹　共地餡かけ
## 播州百日どり　赤崎牛蒡

たんばやまのいもとむかごのじょうよかん　ともじあんかけ
ばんしゅうひゃくにちどり　あかさきごぼう

カラー写真 65ページ
材料と作り方 238ページ

数年前のことですが、丹波篠山農協の山の芋部会の方々と一緒に、あるイベントに参加させていただく機会がありました。私の他に、フランス料理やイタリア料理の有名シェフもいらして、三者で、丹波特産の山の芋を使った料理を作ろうというもので、山里の公民館に、沢山のお客様をお迎えしました。さて、そこで何を作ろうかと献立を思案したとき、日本料理で代表的なのは、麦とろやとろろ汁といった「とろろ料理」で、そのほかはかなり趣向の強い料理が多いことに気づきました。ただし注釈として、ここで言う「ヤマノイモ」とは、所謂《いわゆる》「ツクネイモ」のことで、「ジネンジョ」でも「ナガイモ」や「イチョウイモ」の類《たぐい》の話でもありません。丹波の山の芋は、大ぶりの球体。木目が細かく、粘りが強い。香りがよく、甘味のある実に素晴らしいものです。しかし、日本料理としては、この特徴を今一つ生かし切れていないように、その時感じたのです。ベシャメルソースにとろろを用い、具材にも炒めた山の芋を使ったグラタン。独特の食感を生むニョッキやタルトまで……、日本料理のセオリーにはない発想で、山の芋が主役の実に美味しい西洋料理に仕上げられていく様子を見て、若干の敗北感を感じました。私自身の知識・技術の不足を思い知らされる日でもありましたが、この食材の可能性を再認識できた日でもありました。この日、披露した薯蕷羹は、父から学んだ手法を、炊き合わせの内の一品として再構築したもので、山の芋をぶつ切りにして煮込んだ煮汁まで、餡として利用しています。

　今回は、秋の兵庫の滋味を盛りあわせて、見かけ地味ながらも、土の味の力を日本料理的に表現しました。「直哉らしい料理」と、父に言われそうですが、何年か先、もう一度真剣勝負してみたくなる食材。そんな気がしています。

上野直哉

# 里芋

さといも

## 小野芋の朴葉焼

車海老　椎茸　銀杏　白葱

日本原産の自然薯《じねんじょ》を起源とするのが、いわゆる山芋の類ですが、対して里芋は、熱帯アジア原産のタロイモが、中国大陸を経て日本に伝播《でんぱ》したもの。山の芋に対して、里の芋という訳で、畑で栽培するものという意味から、古くは「家芋＝イエツイモ」とも呼ばれていました。芋の部分は、学術的に茎の一部が地下で肥大したもので、茎に直結する親芋のほか、その周囲に子芋や孫芋を擁する品種も多くあります。品種ごとに可食部分は変わりますが、一例を挙げれば、京都のお雑煮に欠かせない頭芋《かしらいも》は海老芋の「親芋」、京名物いもぼうに使うのは「子芋」、きぬかつぎにするのは石川早生の「孫芋」といったところでしょうか。因みに、ここで使わせていただいたのは、但馬・出石町小野地区の「小野芋」。海老芋と同じ「唐芋《とうのいも》」という品種に属し、中国から長崎に渡り、全国へと伝わったものであろうとされる芋で、エグ味が少なく、素朴でありながらも洗練された味わいです。江戸時代から伝わるこの「小野芋」の種芋を守り続けていらっしゃる中村富蔵さんは、数年前に「在来種小野いも保存会」を立ち上げ、地域の方々と共にこの在来種の里芋の保存活動をなさっています。お陰で私もこの美味しさに出会うことができました。本当に有難いことです。

　里芋類の日本での歴史は古く、縄文時代に伝わったとされ、馬鈴薯や薩摩芋よりも随分と先輩格ということで、産地ごとに郷土料理も多くあ

おのいものほおばやき
くるまえび　しいたけ　ぎんなん　しろねぎ

カラー写真66ページ
材料と作り方238ページ

るようです。飛騨高山地方の朴葉焼きは、全国に知られる銘品ですが、これが里芋にも好相性で、枯れ朴葉の香りが移った赤味噌と絡めて、熱々のところに箸を入れれば、立ち昇る湯気に、しっとりとした粘り。里芋の田楽とはまた違った情緒あるものです。

芋の用意酒の用意や人遅し　子規

# 伝助穴子

でんすけあなご

## 伝助穴子の素焼重
## 須磨海苔　山葵　割醤油

大阪湾から播磨灘にかけての河口に広がる砂地は、昔から穴子の好漁場で、今でも明石や高砂といった町を歩くと、名物の焼きあなごを焼く醤油のいい香りが漂ってきます。腹開きにした新鮮な穴子を、専用の太い竹串に数匹刺して、強火で豪快に焼き上げる様子を見ていると、腹の蟲が鳴くのは当然、通りに扇ぎ出された白い煙さえもがご馳走ですね。

この穴子、マアナゴというのが正式な名前。最近の研究で、産卵場所は遥か南の南西諸島や東シナ海付近と推測されています。春になると、平べったくて透明の、笹の葉の形に似た「穴子の赤ちゃん」、葉形仔魚（レプトケファルス幼生）が、黒潮に乗って瀬戸内にやってきます。関西で「のれそれ」と呼ばれるのがこれで、春を呼ぶ珍味として通人に喜ばれるものです。

この幼生が、着底しマアナゴへと成長する訳ですが、この平べったい

でんすけあなごのしらやきじゅう
すまのり　わさび　わりじょうゆ
カラー写真67ページ
材料と作り方239ページ

秋

上野直哉

幼生から、穴子らしい筒形の稚アナゴに変態すると、一旦体長が縮んで体重が減るという不思議な変化がみられるそうで、近縁種の鰻同様、まだまだ謎に満ちた魚です。

　大まかな言い方ですが、頭が小さくて、胴が太短く、腹が黄色っぽい白色をしているものが、脂の乗りもよく、皮や骨もやわらかいように思います。梅雨以降が旬ですが、大きなものは秋から冬にかけてが最も旨く、300グラムを超えるものを、通称「伝助穴子」と呼んでいます。所以《ゆえん》ははっきりしませんが、一般には、民話に登場する「大柄で役に立たない男」の名前からと謂《い》われているので、これには些《いささ》か疑問を感じます。フワッと焼き上がり、旨み拡がる肉質は、「役立たず」どころか、立派に胸を張れる逸材。但し産地と目利きは大事で、私の好みは、淡路島・仮屋沖のもの。砂地の遠浅で、適度に岩礁が在り、しかも外洋に面していないので、皮が薄く、骨や身が柔らかい。

　刺身や揚げ物も捨てがたいですが、この時季、やはり「焼きあな」が旨い。600グラムくらいのを、鰻同様縦に串打ちし、備長炭の近火で一気に焼きます。カリッと焦げ色が付いたら、仕上げに、味醂醤油を塗ってひと焼き。炊き立ての新米に、厚みのある須磨海苔とともに、たっぷりのせて頬張る喜びは、ぜひ伝助さんにも教えてあげたいものです。

# 冬

上野修三

## 茅渟鯛《ちぬだい》

### 黒鯛洗い　黄韮添え
### 柚子芥子酢味噌　よりうど

通称「チヌ」は黒鯛のこと。名ばかりで鯛に属さん肖《あやか》り鯛の多い中で、色こそさえないが歴《れっき》とした鯛の仲間。大昔に茅渟《ちぬ》の海といわれた大阪湾で仰山獲れた黒ダイ、つまり茅渟の海の黒鯛はチヌダイ、チヌと略されたって訳ですな。チヌは主として浅海《せんかい》の砂泥の場に棲んで、やや内湾性の魚。川や沿岸の汽水《きすい》域、ときには淡水域にまで入ることがあるという。エビやカニなど甲殻類から貝類を食べるというから美食家と思いきや他の動・植物に残飯まで何でも食べるという貪欲のくせに警戒心は至って強く逃げ足（?）は速いところが「チヌが釣れたら一人前や」と、却って釣り人の人気を誘うそうな。

旬を早春とするのは、旬を同じくするイカナゴを餌とするからだという漁師もありましてネ、真鯛と同じく産卵どきの豊漁が旬とする向きもおますけど、私ゃ前記に軍配をあげますな。チヌは20センチ位までは雄で、成長すると性転換して雌になるらしいけど、その幼魚がチンチンで、特に「カイズ」と呼ばれたというのは茅渟の海のどこかに「海津」って地区があったからだともいわれますな。成魚となったチヌは産卵期になると、どっと浅瀬に押し寄せることを「チンの乗っ込み」というその場合

くろだいあらい　きにらぞえ
ゆずからしすみそ　よりうど
カラー写真 72ページ
材料と作り方 240ページ

のチンはチヌの意（音変化）でしょうなあ。そのチヌの腹腸《はらわた》には少量やけど毒性があるので食べぬが定説で、特に妊婦には「血をけがす」というて憚《はばか》られる向きもあるが、「きれいなバラには棘がある」って観点からすればその棘（ここでは内臓を避けることと、棲むところに依って免れん独特の臭み）に気をつければ思いがけない美味にありつけまっせ。その上に何というても安価でおます。皮を引き取ったあとの皮下脂肪にそのクセが多いから包丁で刮《こそ》げ取って洗い造りにするのが一般的で、「塩焼」、「煮付」、「あら炊」、「味噌煮」は鯉こく（鯉の濃漿煮）のごときにして決して上品とはいえまへんけど、ちょっといけまっせ。

その洗いのことを昔は「洗鱠」と書いたこともあったようで、それは刺身（造り）以前は塩と梅漬の酢で塩梅した時代の鱠（魚介）、膾（鳥獣肉）とナマス（生醋）であったところに加わった「洗い」とは「洗鱠」が正しいのではないか？　と考えたらそのタレは酢の味が良《え》えんじゃないやろか。

# 鶉《うずら》

## 鶉の孕み真丈

難波葱焼と糸葱　丁字麩　忍び生姜

美しゅうて尾羽の長い雉《きじ》の、キジ科の鳥やというのに鶉は色もさえん上に尾羽もないし飛ぶことよりも地面を走り廻ることが得意。姿は全く異なるけど、野鳥では一番と平安の朝廷・四条流庖丁道が決めた雉について旨い鳥だと宣《のたま》うお人も居てはる。

---

うずらのはらみしんじょ
なんばねぎやきといとねぎ　ちょうじふ　しのびしょうが
カラー写真73ページ
材料と作り方240ページ

冬になると北海道や東北の繁殖地から下って来て春になると帰って行く習性があるというが、先にもいう地や草原を歩くことが却ってあだとなって狩人の的になり易いらしい。

鶉はその容姿に似合わず鳴き声がよろしいと、鶯みたいに鳥篭に飼うて鳴き声を競うた昔もあったそうで「小花鳥《こばなどり》」というかわいらしい美称も残ってる。天然のそれには叶わんまでも鶉肉は旨いとあって食用に飼育され手軽う塩梅できる時もあったが、昭和40年頃だったか、その肉に餌の臭いだろうと思われる臭みがつくようになり、やがて以前の鶉が仕入れられんようになって、とうとう日本料理から鶉料理が消え失せたかに思うてたけど、近年になって海外の鶉が入荷するようになったせいか、近ごろにまた復活の兆しがおますが、それは以前の味には戻らんまでも、渡来の飼育もんには勝るものと私は思う。

少しは高価となっても味のええ鶉を飼育してほしいもんですな。鶉は、羽毛、腸、足、嘴を除いたほか全部、特に脳髄が美味ですよって、これを旨く塩梅しまひょ！

製肉にして肉の薄い皮だけの部分には、骨や首肉、脳髄を叩き込んだ崩肉《くずし》を塗り付けた「付焼」や、すべてを擂り入れた摘みれの「丸仕立」、「鍬《くわ》焼」、「煮付」、「つくね揚」、「雑炊」、旨いですなあ。

写真の煮物椀は、鰹節と控えめの昆布との出汁に鶉の骨を加えた合わせ出汁に酒、淡口にごく少量の濃口と味醂で塩梅した丸吸風の吸い出汁に、温泉玉子にした鶉卵を忍ばせた鶉真丈で、難波葱（葉ねぎ）の白い部分を焼き、葉を糸ねぎにして添えたもの。生姜汁を落としてどうぞ。

冬

上野修三

# 田辺大根
たなべだいこん

## 雪輪大根　椿人参
## 柚子味噌

大根の歴史は古うて、「約六千年も昔、エジプトのピラミッド建設の際…」とか、また日本書紀では仁徳天皇紀に「於朋祢《おほね》」、七草の中では「蘿蔔《すずしろ》」、「清白《すずしろ》」の名で云々と本山荻舟《もとやまてきしゅう》の飲食事典におますし、大根と見えない大根までその種類は数えきれんほどあるらしいその中で「田辺大根」というと、「そんな大根が在ったの？」と首かしげはるかな？

いや在ったんでっせ。江戸初期に摂津国東成郡《せっつのくにひがしなりこほり》と呼ばれてた現代の大阪市東住吉区の田辺って地区で作られた大根は、短足で葉茎が長いけど、近くの法楽寺の西側横門前で作られたんは土質の違いからか長根だったらしいが、これの大根のルーツは滋賀県の伊吹大根（鼡《ねずみ》大根）と雑煮大根ともいう白上り京大根との交雑したものやないかとする説もある大根でおますが、「田辺」の地で作って土着して独特の個性が生まれ、極めて風味に優れた大根となったことは事実。と宣《のたま》うのは我が「浪速魚菜の会」会長の笹井良隆氏。今ではこの大根は熱心な農家や、「田辺大根ふやしたろう会」など立ち上げるお人もあって、短根の「田辺大根」がじわりじわりと復活の途上でおます。今では「青首大根」といわれるが、どうも昔のそれとは思えんやわらかさでクセのない形だけの「青首大根？」一辺倒やけど、この田辺大根は皮肌がピリリと辛うて大人向きやさかい卸し大根や浅漬けによし、厚めにむいた大根は煮物にして煮崩れなし。皮は少し風干しにして刻んで三杯酢漬けに、葉茎と一緒に刻んで昆布と塩

ゆきわだいこん　つばきにんじん
ゆずみそ

カラー写真 73ページ
材料と作り方 241ページ

漬けにする「大阪漬」、葉の干菜飯と捨《ほ》る部分《とこ》も旨い。「ああ、これが大根の味やった！」と思い起こさせてくれる大根の中の大根ですなあ。

その特長の、かため、煮崩れしないところを利用したこの風呂吹き大根は写真のように雪輪形にして炊き、大阪人参を椿の花に作って共に淡味八方煮。白味噌に卵黄、酒、味醂、砂糖で煮込んだ玉味噌に摺り柚子と柚子汁を加えて柚子味噌を作って、その半量には大根葉のピューレで色を付けて青身替わりでおます。ちょっと形物に片寄り過ぎましたやろか。

# 赤舌鮃

あかしたひらめ

## 赤舌鮃と世呂利の燻豚焼
## 酢橘　はじかみ生姜

赤舌鮃とは実は関東の呼称やそうで、大阪では「牛の舌」で通ってたんが、現代では実の牛の舌と間違えられるからか大阪でも「赤舌」、「赤舌鮃」と呼んで鮭魚と書いたり、それは黒ウシノシタも含めてか（？）クツゾコ、犬の舌なて呼ぶところもあるそうなが、どれを取り上げても美しい名とはいえまへんし、実に世間では下魚の扱いですな。

「舌鮃」単にシタビラメは赤舌鮃を指し、黒ウシノシタには鮃の字は付いてないけど、共にカレイ目ウシノシタ科の魚で、「左ヒラメに右カレイ」とする鮃と鰈の見分け方からいうても双方共に鰈やし、序《つい》でにいうなら北海道の1メートルを越える「大鮃《おおひょう》」はその名の通り「左ヒラメ」の体《てい》やけど実は、カレイ目カレイ亜目カレイ科、暦《れっき》としたカレイだってネ。や

あかしたひらめとせろりのくんとんやき
すだち　はじかみしょうが
カラー写真 74ページ
材料と作り方 241ページ

上野修三

やこしいなあ、どないなってますねん。

　ともあれ大阪では、「牛の舌」といやぁ、「赤舌」のこと。料理屋では扱うお人は少ないのは水臭うて（水っぽくて）魚肉がやわらかいからやろうと、脱水シートや昆布で水分を抜いてお造りにして、ほんの一口を「ご注文の料理ができるまでのおつなぎに…」とすすめたら、「む、美味しいですナ、これは何？」。嬉しいですなあ。そりゃあたり前。ドーバーソールならぬジャパニーズソールでっせェ。これまでも洋食屋はんではフライやムニエルにしてましたよねェ。家庭では煮付が多かったけど、最近では小骨が多いって嫌われるようですなあ。でもプロなら工夫次第で高級料理がでけまっしゃろ。「京の持ち味、浪速の喰い味」ってネ。京都は帝都でしたさかい、食材の自《おの》づと持ってる味だけで食べれるって表現の淡味やけど、労働力を要する大阪はその持ち味を大切にしつつも更に深味を要するってこと。ここでは適度に脱水して淡塩味した赤舌鮃とセロリ、ベーコンを交互に串刺して焼き、黄味マヨネーズと粉チーズを付けて焙った、ちょっと洋風味。

# 河内蓮根

かわちれんこん

## はす根もち挟み揚
## 若布せんべい

昔むかしの大阪に在った河内湖ってご存じやろか。そりゃぁご存じなら貴方さん古代生物でっせ。河内の守口あたりの太古は大阪湾に向うて

はすねもちはさみあげ
わかめせんべい
カラー写真 75ページ
材料と作り方 242ページ

小さい出入り口があって淡水海水が入り混じる湖やったが、長い長い年月をかけて、川の土砂が流れ込んで沼になり、次第に土壌の柔らかい陸になって葦や水草や、守口大根、吹田くわい、蓮など生えるようになったらしい。その蓮が今も少し残ってて、私も食べてみたら美味いんですけどネ。当時この蓮を採って天満の青物市場へ出荷したけど、細うて商品価値がのうて、さっぱり売れまへん。それなら…と備中や越前の蓮を栽培したら、大阪の商人は「商売に穴があく」やなんて験担《げんかつ》ぎかイチャモンか、これまた売れぬとこに、「いやいや、穴が仰山あって商いに見通しが効きまっせェ」と遣り返して品種改良して売り込んで、やっと「河内蓮根」のブランドができたって代物《しろもの》ですな。

ポンプのような水の噴射で掘ることのできへん粘質の土やさかい手作業でしんどいけど、肉質が締まってて甘味がおまっせ。

おはなしは戻りますけど、原種が残る蓮池があって都市計画の何とやらで、その時花の咲いてた池を埋め立てるって新聞記事を見て尋《た》んね尋《た》んねて聞くところによると、泥水の中に立ち泳ぎをして池底から立ち生《ば》えしてる根を足指にはさんで抜き採ると聞いて、ぜひ一口でも食べさせてほしいってお願いしたけど、お一人だけ残ってたそのお人は80歳を越えてましてネ、もしも事故でも…と思うと断念するしかなかった。残念！

そやさかい先に言う食べたとは、池ではのうてすでに陸地化した原子蓮でした。

産地の門真市には餅米を穴に詰めて蒸し上げたものに黄粉《きなこ》（大豆粉）や小豆餡をつけて食べる「はすね餅」や、やわらこう炊いた「白和え」が郷土料理で、料理屋では擂りおろした蓮根と葛粉を胡麻豆腐状に練って他の食材を包んで蒸したり揚げたりの「蓮根饅頭」の餡かけ他、蓮根料理の幅は広うおますな。

そこで、写真の料理ですが、郷土料理のはすね餅をヒントにして道明

寺乾飯を干帆立貝の戻し汁で浸し、細く裂いた貝柱を混ぜたものを蒸し、これを下味付けした蓮根で挟んで穴から出て来た部分にみじん粉を付けて揚げたものでおます。

# 冬　上野 修

## 伊勢海老《いせえび》

### 伊勢海老の味噌煮
### 田辺大根　高山真菜

伊勢志摩で多く捕れたから伊勢海老。
磯に生息する海老なので、イソエビ→イセエビ。
角や触覚を振りかざし、鎧を纏った武士の如く「威勢がいい」のでイセエビ。
力のある食材は山ほどあれど、これほど凛とした存在感を持つものは他にないのでは。
鮑と共に個人的に想い入れ深いのがこの海老。
志摩での修行中、いったいどのぐらいの数の彼らと格闘したことか……。

いせえびのみそに
たなべだいこん　たかやままな
カラー写真 76ページ
材料と作り方 242ページ

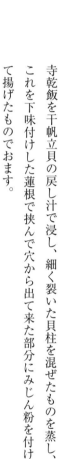

持ち上げると〝ギィーギィー〟と音を出す。
何となくこの音が哀愁を誘い辛くなる。
しかしそれも一瞬のこと。
暴れだすとその鎧のような甲羅にある棘で軍手の中の指先を容赦なく攻撃してくる。
足の前に手を出してしまったが最後、鋭い爪でしがみついてくる。
勝敗はスピード！
伊勢海老の攻撃より先に包丁を入れ動きを封じる。
あとはこっちのもの。
宿敵を如何に美味に仕上げてやるか。

……とまあ、らしくないイントロでしたが、この一品はそんな想いで、椀の中に伊勢海老の旨味を封じ込めたく仕上げた一品です。

頭と足を茹でた出汁で胴身を茹で、その出汁で真薯、更に伊勢海老の旨味がたっぷり出た出汁で味噌を溶く。

ここで脇を固めるのは、大阪伝統野菜で大阪市東住吉区特産の田辺大根。太短く下膨れの白首大根でまるで肝っ玉かあちゃん。「縁の下の力持ち」ならぬ「椀の中の力持ち」とばかりに、どっしりと伊勢海老を支えております。

そしてもう一つは、豊能郡高山地区の高山真菜。アブラナの仲間で、３００年以上もの歴史があり、大阪でも標高が高い場所での栽培で収穫時期の冬の寒さにも強い上、害虫も少ない時期なので無農薬で栽培されているのだとか。クセも少なくそれでいて甘みに優しさがある青菜です。

最高に華のある伊勢海老という主役を支える名脇役達。
三味一体の椀に仕上げてみたいという想いから……。

冬

上野 修

# 月の輪熊《つきのわぐま》

## 月の輪熊と雪の中の胡葱
## 笹がき牛蒡　黒胡椒

月の輪熊のように冬眠を要する野生動物はその直前にひと冬分の体内貯蓄をしないといけない。

そしてこのあと居心地よい洞穴でウトウト……。

「目利き鋭いベテランハンターの一人が洞穴に頭から匍匐前進。

ライフルの銃口を熊の口許に持っていくと寝ぼけた熊がペロペロ舐め出す。

そこを迷わずズドン！

射止めた熊の手を掴んだハンターの足を別のもう一人が引っ張り、仲間と熊を洞穴から引きずり出す。

あとは轌《そり》で河原まで運び、急いで冷却と解体。」

こんな話を熊マニア?の御客様に聞かされたんですがホンマですのん？「銃口ペロペロ」なんて、蜂蜜でも塗ってるんでっかいなぁ？　おまけにハンターの足を引っぱる役のバイトがあるって……ええ〜〜って感じですわなぁ。第一そんなもん洞穴に入りかけに熊が起きてきたらどないしますん？　えらい事ですがなぁ。まぁいずれにしてもハンターさん達は命がけで猟をされていることは間違いおまへん。

また、ある料理屋の主人からは、「森の中でボス熊たるヤツがいて、そいつは餌を独り占めしているから丸々してやがる。そいつを射止めたら脂がたっぷりで本当に旨いんでっせ。」と。

つきのわぐまとゆきのなかのあさつき
ささがきごぼう　くろこしょう

カラー写真 77ページ
材料と作り方 243ページ

なるほど、言われてみりゃホンマにエエ熊の身はスライスすると
脂身：赤身＝なんと9：1位。
しかもこの脂身にくどさや臭いは皆無。
優しさ・繊細さ・癖の無さ。イメージとこれ程かけ離れたジビエもそう多くはないんやないかと私は思うのですが……。素晴らしく綺麗な優等生ジビエです。まあ考えてみますと、北海道のヒグマと違い、基本的には草食で木の実が好物なんですもんね。

そんな月の輪熊にピッタリなのが、まだ雪の下に埋もれ太陽の光を直に浴びたことのない胡葱。キツイ葱臭がなく優しい甘みはそんな月の輪熊とベストマッチ。細く細く切った牛蒡で少しだけ土の香りをプラスし、黒胡椒で味を引き締めまひょ。

けどあんまり熊好き人口が増えるのも困るんですがねぇ。

# 鴨《かも》

## 真鴨の金柑蒸煮
## 首づると肝の捏ね　野生くれそんの一寸ソテー
## タスマニアンマスタード

まがものきんかんむしに
くびづるときものつくね　やせいくれそんのちょいそてー
たすまにあんますたーど

カラー写真 77ページ
材料と作り方 243ページ

真鴨達は遥か彼方ロシアから何千キロという空の旅を命懸けで和の国に飛来してきます。

湖や池で、〝クワッ！クワッ！〟と愛くるしく鳴きながらゆったりと浮

かんでいる姿から想像もつかない逞しさを持っております。

私の娘は幼い頃、池に浮かんでいる鴨を見て一言。

「美味しそう?」……

我が娘ながら中々あっぱれ。将来安心?

私はというと、あれで何人前イケルかなぁとか……（ハハハ。あんまり変わらんかぁ）。

さて、真鴨・アヒル・合鴨は生物学的には同じようで、あひるは真鴨を家禽化し、合鴨はそれをさらに真鴨に近づけるため真鴨と交配したものらしいのです。何だかややこしい話ですが元は全て真鴨ってことですわ。真鴨はアヒルや合鴨とは運動量が違います。余分な脂肪がなく肉質も緻密。上野家に運動がいかに大切かを教えてくれているようです（汗）。また香りも他の二種とは明らかに違うジビエの香りがあります。昔は当たり前であったこの真鴨も、今となっては逆に通《つう》好みと言えるの鴨（かも）。

フランスの古典料理に「鴨のオレンジソース」たる逸品があります。初めて知った時は「エエ〜〜っ。肉にフルーツぅ!?」と驚いたもんでした（「パイナップル入りの酢豚」と出会った瞬間も同じ。許せませんでした…笑）。鴨とオレンジの王道はもちろん文句なし。しかしせっかくはるばるの御来日。ここはひとつ和の国らしく金柑でお出迎え。

ところがこの鴨。お決まりの葱をしょってくるのを忘れたとのこと。

そこで、野生のクレソンなんぞで《お・も・て・な・し》。

# 白甘鯛
しろあまだい

## 白甘鯛の二種挟み焼　共出汁石蓴風味
## 能勢椎茸　小織独活　紅芯大根

甘鯛は、赤甘鯛・白甘鯛・黄甘鯛の三種類あります。関西では赤甘鯛を標準に「グヂ」と呼ばれますが、私共はアカグヂ・シログヂといった具合に使い分けております。

この中でも私のお気に入りは白グヂこと白甘鯛。水っぽさがなく身質がカッチリとしており、脂分もしっかりとあり、特に紙塩してからの刺身ですとか、炭火で焼き物とかはたまりまへん。

子供の頃、店で母親が

「はい、〇番さんに甘鯛塩焼きひとつ！」などと、頂いた御注文を通したのを聞くと、

「ついでにもう一つ‼」とは、私の心の叫び。

いやぁ、子供の頃からホンマ大好きな旨い魚ですわぁ。

今回はイレギュラーな一品。

単体でも十分旨い魚ですが、車海老のプリプリ感をプラスしたものと、河豚の白子でソフトにした二種類の炭火焼きを用意。

おっとここで浪速の合理精神がまたまたウズいてきました。

鮮度のエエ白甘鯛のパンパンの腹にはたっぷりの脂肪の塊がありまして、コイツを溶かして焼く前に刷毛でひと塗り。表面をコーティングすることで旨味を逃がさず綺麗に均一に焼き目がつきまっせぇ。それを白

しろあまだいのにしゅはさみやき　ともだしあおさふうみ
のせしいたけ　こせんうど　こうしんだいこん

カラー写真 78ページ
材料と作り方 244ページ

甘鯛の中骨から取った出汁に酸橘とオリーヴ油を加えた、言わば温かいドレッシングみたいなもので供します。新物の石蓴で香り付け。

真冬の濃厚な旨味を閉じ込めた中に、もう目の前にやって来ている初春の香りが漂う逸品に……なってますやろか？

冬

上野 修

# 鮃

ひらめ

## 鮃鰭身の共肝たれ焼
### 行者大蒜　蕾菜　白髪葱　糸唐辛子

「左ヒラメに右カレイ」とは、目の位置で鮃と鰈を見分ける基準の言葉。しかしこの確率はどうやら１００％ではないらしい。日本近海物はほとんどこの言葉どうりらしいのですが、他国産の中には個性的と言いますか、ひねくれものと言いますか、例外が結構あるらしいのです。むしろ目の出方や口の大きさで判断する方が確実らしいのですが、それだともう片方と並べて比べんことには判断しにくいですわなぁ。

鮃は縁側に人気がありますが、これは一番よく動かす部位でありながら脂が乗っており、独特の歯触りがあるからだと推測。

そういや縁側で思い出しましたけど、子供の頃、両親にまだそんなに余裕がないとき、たまには贅沢をってことで、寿司屋に連れていってくれたときのことです。私が、

「赤貝のヒモくださぁい！」

「鮑の硬いトコくださぁい！」

ひらめひれみのともぎもたれやき
ぎょうじゃにんにく　つぼみな　しらがねぎ　いととうがらし
カラー写真 79ページ
材料と作り方 244ページ

「鮃の縁側くださぁい！」

等と注文してたことを、ン十年経ったある日、オヤジが言うてきました。

「わしらロクスッポ（大して）金なんか持ってないのに、お前は高いノンばっかり注文するさかい、ホンマにハラハラさせられたでぇ」と……。

そんな時効話を今頃聞かされたってなぁ。

第一、なぁ〜〜にも覚えてへんしなぁ。


さて、ここで使いますのは2キロ位の鮃で、縁側付きの鰭付近の身。肝でコクを持たせた味噌醤油で掛け焼きすると、すこぶる芳ばしい香りが漂ってきます。

アクセントに添えた蕾菜は優しく、行者大蒜はエネルギッシュと対照的ですが、どちらもこの肝だれを絡めて貰っても宜しいかと……。

尚これを盛らせて頂いた器は、実は師匠からの頂き物。私にとりましては宝物です。

けどこの器の形って鮃？　それとも鰈？

冬

# 上野直哉

## 牡蠣《かき》

### 牡蠣の霙酢
### 花山葵　いくら醤油漬

今から25年ほど前のことを思い出しました。当時、京都で修業中だった私は、学生時分に好きだった鉄道趣味の名残りなのか、店の休業日になると、時折目的地のない日帰り旅をしていました。ある冬の日に、なんとなく山陰線の「特急あさしお号」に乗り、降り立った、小雪舞う福知山駅。駅前の観光案内所で、遅めの昼食がとれるお店を尋ねると、教えてくれたのは、一軒のかき料理店。「なんでこんな山の中で、牡蠣なんだ？」

うっすらと雪を載せた、城下町の静かな家並みの中に、その店はありました。入母屋造りで時代物の緊張感漂う建物は、大正時代に「かき船」の上屋を移築したもので、小さな中庭を囲むように、大小の個室が並んでいました。冬季のみの営業で、広島から直送された牡蠣を、合わせ味噌仕立てで溶き卵を浸けて食べる、「土手鍋」が名物。仲居さんのお給仕でいただくのですが、お店の歴史や、とりわけ「かき船」の話を伺いながらの食事が楽しかったのを、憶えています。かき船は、徳川時代の牡蠣売りの船が起源。延宝元年（１６７３年）に、安芸国草津（広島県佐伯郡）の小林五郎左衛門が、牡蠣の養殖技術を開発。安定供給が可能となり、俵詰めにした牡蠣を船に載せて商いを始めたもの。当初は、晩秋に

かきのみぞれず
はなわさび　いくらしょうゆづけ
カラー写真 80ページ
材料と作り方 245ページ

広島を出港し、大阪方面の各港で牡蠣を売り、翌春までに帰港する出張販売の形をとっていたが、幕末になって、牡蠣料理を提供する船になったそう。江戸時代の大川や道頓堀川の主要な橋の袂には、冬を迎える頃ともなると、このかき船がやってきて営業。そして、冬が終わる頃に帰っていくその光景は、浪速の季節の風物詩。現在でも、広島市の2隻を始め、全国に僅か5隻ほどが、固定した係留船の形で残り、年中営業しているようですが、大阪・淀屋橋にある、大正9年創業の「かき広」さんもその一つ。こちらもやはり、卵を浸けてすき焼きのようにいただく、土手鍋が名物。また、「かき船」から陸に上がった牡蠣料理店も含めて、この土手鍋や、酢牡蠣、殻蒸し、カキフライ、牡蠣飯など、伝統的でベーシックな料理法が好まれる傾向にあるようです。養殖技術の発達と、「かき船」の出現以来、グッと庶民的になった牡蠣ですが、現在でもシンプルに牡蠣の旨みを味わうのが、幸せを呼ぶ一番の方法なのかもしれません。

　平凡に映る酢牡蠣には、定番の生姜ではなく、山葵の清冽な香りを添えることで、適度に趣を変えることができます。「石花《せっか》」の異名を持つ牡蠣を、岩に咲く花のように、梅花皮《かいらぎ》手の大皿へ、生けるが如く盛りつけます。「カキ」の語源、「(石から)掻き取る」に相応しく、殻ごと取り分け、海の恵みを味わってください。今日のは播州坂越産。名水百選の千種川が流れ込み、原始の姿を残す生島を有する坂越湾は、植物性プランクトンが豊富で、他所より育ちが速いので、一年牡蠣として出荷されます。通常の倍のスピードで育つことで、渋みのない甘い牡蠣が生まれます。

上野直哉

# 赤貝

あかがい

## 赤貝の造り
## 蕗酢味噌　水菜　雪輪大根
## 紐と茎若布とろろ巻

随分と前ですが、父に連れて行ってもらった赤坂の鮨店で初めて食べた、宮城・閖上《ゆりあげ》産の赤貝の味を、今でも鮮明に憶えています。その頃から、いやずっと昔から、「日本一の赤貝」と称され、江戸の通人の舌を唸らせてきたに違いない、小粒でありながら肉厚の赤貝。やや淡いオレンジ色を呈し、やわらかで歯切れよく、この上ない潮の香り……。若かった私には、今まで出会ったことのないものでした。取り分けヒモの美味さは格別で、左右一対、1個分のヒモを互い違いに綺麗に巻いて指先に置き、海苔も使わずに美しく纏《まと》められた小さな握りは、反り返るような身の活《い》かりも手伝って、宝石のように、見目も味も最高の一貫でした。「今日は赤貝が少なくて、築地で手に入ったのは、ウチだけかな」。寿司職人にとっては、憧れのネタであることをよく知り、また同時に、素材ありきの日本の味を守る親方の誇りが感じられた言葉です。私は、今でもこのお店の名前を聞けば、赤貝の握りを思い出し、今後も、あの日の満足感にあふれた食事を忘れることはないでしょう。

ところでこの赤貝、人間と同じヘモグロビンを含んだ赤い血液からその名があり、日本各地で産する二枚貝。大阪では、泉南で水揚げされたものが、その日に市場に並びます。

また、数十年前の大阪湾では、近縁種の「サルボ（モガイ）」が多く獲れ、赤貝の代用品としてもてはやされました。こちらは、価格もかなり安い

あかがいのつくり
ふきすみそ　みずな　ゆきわだいこん
ひもとくきわかめとろろまき

カラー写真 81ページ
材料と作り方 245ページ

ので、「赤貝の煮付け」として、缶詰加工されるのが殆ど。酒蒸しやぬた和えにしても、佳い肴になりますが、刺身の場合、やはり本物（赤貝）には、遠く及ばず……。その色艶と香りを楽しむには、一にも二にも鮮度が大事で、オーダーがあってから下準備にかかります。

今日のは、山口県・光から。殻から取り出して包丁を入れても、身の縮みが少なく、厚みのある上物です。ヒモは、茹でた肝、茎若布、とろろ芋と共に、焙った海苔で巻きます。身の部分は、鹿の子に包丁したら、まな板に、ぱんと叩きつけ、身を反り返らせます。若布を芯にして巻いた水菜を、切り揃えて天目深鉢の奥に並べ、手早く赤貝を盛りつけ、すぐさまお客様の下へ。コリッと引き締まった赤貝には、山葵醤油や二杯酢でも良いのですが、甘味を控え、蕗の薹を刻み入れた芥子酢味噌を添えれば、ふくよかな中にも凛とした緊張感があって、冬から早春に向けての香りがする取り合わせになりました。

# 虎魚《おこぜ》

## 虎魚の丸吸仕立て
散黄韮　鶯菜　梅人参　針生姜

食べた経験がなければ、おおよそ旨そうには見えないこの魚。オコゼにまつわる話を調べてみると、これが日本各地に残っていて、その多くが「山ノ神」の供物として利用されていたり、はたまたオコゼそのものに霊力があったりというもので、世俗信仰と結びついているという点で

おこぜのまるすいしたて
ちらしきにら　うぐいすな　うめにんじん　はりしょうが
カラー写真 82ページ
材料と作り方 246ページ

上野直哉

一致しています。紀州・田辺出身の民俗学者、南方熊楠が記した南方随筆にも、「山神オコゼ魚を好むと云う事」という話があり、古くから、習俗的にオコゼが利用されていると書かれています。「山ノ神」が嫉妬深い女の神であることから、自分より醜い姿のオコゼを供えるのだという地方が多いようですが、ある地方の御伽草子では、狼形の「山ノ神」が、オコゼ（姫）に恋をし、終に結ばれるというものもあり、「そのオコゼは、極めて見目が悪い。眼が大きくて骨が高く、口が広く色が赤い。」と、ここでもその容姿について描かれています。また一方で、「外皮には棘《とげ》が多いけれども、その肉はすこぶる美味」ということに例え、「山ノ神」は、オコゼ姫の中身（性格）に魅かれたのであろうと考えられているようです。

正式名称は、オニオコゼ。背鰭《せびれ》に毒腺を伴う棘が16～18本あり、これに刺さると大変なので、調理前に外す必要があります。鱗のない黒い表皮の裏側は、ゼラチンの層。さらに、身との間に身皮《みかわ》があり、薄造りなど刺身にする場合は、この二種の皮と胃袋を、サッと湯引きにして添えます。もちろん、肝も湯がいて裏漉し、肝和えにすれば、一段格上のお造りになります。

また、今回の丸吸仕立てように、三枚におろした身の他に、頭や骨全てを玉酒でゆっくり煮込むと、透明度の高い上品な旨味の出汁が出ます。皮付きのまま、ふっくらと煮上がった身は、煮過ぎないように、一旦鍋から引き揚げます。そして、更に煮出して、骨から十分に旨味が出た煮汁に、先程の身を浸けて冷ますのがポイント。仕上げの生姜の香りに重ねるのは、黄韮の柔らかな刺激。岡山・備前地方で、鉱山跡の坑道を利用した遮光栽培のニラは、甘みがあって、歯触りも柔らか。地元では、吸口にもよく利用されると聞いて以来、私は気に入ってよく使っているのですが、これを正方形になるように粗く刻んで、黒い大振りのお椀に散らすと、まさに大海に散華乱舞《さんげらんぶ》が如く。口に含んでひと噛みすると、

上品なコクをたたえた出汁に、甘やかな黄韮の香りが弾けます。一見意外な取り合わせですが、山ノ神と海のオコゼの出会いもまた然り。波の下からひょっこり現れたオコゼ姫、さて何想うのか……。

# 蛸

たこ

## 寒蛸と姫路蓮根の小倉煮

蕾菜　針柚子　芥子

蛸壺やはかなき夢を夏の月　芭蕉

明日曳き揚げられるとも知らずに、蛸壺の中で眠りにつく蛸の姿を、芭蕉が詠んだのは明石の地。奥の細道の最西端である須磨～明石は、源平合戦の舞台でもあり、一の谷の合戦に敗れた平家の悲哀と儚《はかな》さを重ねた句とも解されています。

ところで、お気づきのように、夏の季語である蛸を、今回は何故わざわざ冬の料理にしているのか。一般的に、蛸（マダコ）には、二度の旬があるとされています。6～7月の「麦藁蛸」と冬場の「寒蛸」がそれで、それぞれ産卵期の前と裏の時季にあたります。これは個人個人の好みということになりますが、真夏の蛸は肉が痩せて、ゼラチン質ばかりが多くなるように私は感じます。真夏の鱧が如く、湯引きなどにしてサッパリと頂くのには、これが反って丁度いいのかも知れません。

ただ、煮込んだ時の旨味は、寒の頃の蛸には敵《かな》いません。明石・二見の蛸を小豆と煮込んだ、この小倉煮は、蛸にこれほどの香りと旨味があったかという驚きすら感じます。

かんだことひめじれんこんのおぐらに
つぼみな　はりゆず　からし

カラー写真 83ページ
材料と作り方 246ページ

上野直哉

寒の頃の蛸に相性のよい「出会い物」と云えば、蓮根です。明石の先、加古川から姫路にかけては、歴史ある蓮根の産地。生産量は少ないので、殆どが地元で消費されているようですが、品質が素晴らしく、知る人ぞ知る名産品です。小豆は、希少な在来種、丹波・春日町の黒さや大納言小豆。皮は薄いにもかかわらず破れにくいので、煮込み料理に適していて、綺麗に仕上がります。明石蛸は煮た時に、とても品のよい桜色になりますが、小豆と煮ることで、その色素が加わり、艶のある美しい葡萄《えび》色《いろ》になります。また、小豆には蛸を柔らかくする効果もあるので、取り合わせとしては最高。途中から追い足した蓮根も、赤みを帯びた煉瓦色に炊き上がり、まるで襲《かさね》の色目のよう。しみじみとしたものの中にも、時としてハッとさせられるような驚きが潜んでいる。そんな日本人の美意識を感じる伝統的な料理です。

さあ、「儚き夢」に報いるよう、美味しく大事に料理してあげましょ。

# 岩津ねぎ　いわつねぎ

## 葱と鯨舌の串焼　粉山椒

## 編笠金柑　菊蕪

近頃、俄《にわ》かに有名になった「天空の城」丹波・竹田城址。その麓に近い朝来《あさご》市岩津地区で作られる岩津ねぎは、下仁田ネギ、博多万能ねぎと並んで「日本三大葱」の一つで、今では関西圏を中心に広く知られています。ルーツは京都の九条ねぎで、二百年近く前から栽培されるうちに、この地の気候風土に適応した固定種となりました。関東の根深系、関西

ねぎとさえずりのくしやき　こなさんしょう
あみがさきんかん　きくかぶら

カラー写真83ページ
材料と作り方247ページ

の葉ねぎ系の中間種にあたり、葉先から根元まで使えて、やわらかく甘いとあって人気を博し、明治中期には鉄路（現JR播但線）が敷かれて、急速に販路を拡げました。しかし、荷傷みが激しく、市場性に不向きであったために、昭和初期、東京の千住ネギを自然交雑させて、輸送に適した改良型の岩津ねぎを作り、今に至っています。おかげで、この名葱が、遠く離れた我々のもとにまで届くようになったのは、喜ばしいことですが、皮肉にも、重要なセールスポイントであった、そのやわらかさが、影を潜めてしまったわけです。ところで、この「在来型岩津ねぎ」を復活しようとした動きが、山根成人氏の著書「種と遊んで（現代書館）」で、楽しく熱く描かれていますが、その「在来型岩津ねぎ」の流れを汲む別の葱が登場します。播州・市川町（兵庫県神崎郡市川町）牛尾武博さんの「マチコネギ」は、太短い背丈と、「牛角」と呼ばれる葉の形状など、昔の岩津ねぎの特徴を今に伝える、やわらかく甘い葱。すき焼きや揚げ物にすれば、適度な歯応えを残しつつもやわらかく、中のとろとろした部分（通称「ずる」・「ぬる」）が溢れて、それは旨い葱です。油分との相性がよく、火の通りも速いので、やわらかくなるまで下茹でした鯨のサエズリ（舌）を交互に挟んで「ねぎま状」に串を打ち、手早くたれ焼きにしてみたら、サエズリの持つ上品な脂と、微かな野性味が、力強い葱の旨みと重なった、贅沢な串焼きになりました。

　余談ですが、ネギは、「葱（キ）」というのが本来の名で、根を食べるということから、「根葱（ネギ）」と呼ぶようになったとか。また、土寄せ栽培で根元を食べる、いわゆる白葱が一般的な関東では、「根深（ねぶか）」という異名があります。対して、葉を食べる「胡葱（アサツキ）」は、「浅つ葱（キ）」が語源。また、実を結ぶ前に苗を分けて植える「分葱（ワケギ）」も然りで、ネギ類は歴史が古く、種類も多い分、語源にも「なるほど」と感じられるものが多いようです。

# 季節の料理　創味帖　―材料と作り方―

材料は主材料を中心に記し、通常使用する副材料は特殊なものを除いて省いています。調味料や香辛料の分量は、作りやすい分量または割合です。

春

上野修三

## 鯉の刹洗い　鯉の山吹造り

### 菖蒲うど　紅たで　山葵　芥子酢味噌　煎り酒

カラー写真18ページ
エッセイ128ページ

**材料**

コイ
うど
紅たで
山葵
芥子酢味噌※1
煎り酒※2

**作り方**

**1** コイは三枚におろし、小骨に逆らうように薄く剥ぎ、洗いにする。

**2** 同じく三枚におろしたコイを長い細造りにして冷水で洗い、コイの卵を塩と酢で茹でてほぐしたものをまぶす。

**3** 器に1、2、菖蒲に切ったうどを盛り、紅たでと山葵を添え、芥子酢味噌と煎り酒ですすめる。

上野修三

## 山菜炊き

## 独活八方煮　筍の土佐煮　薇大原木巻

### 蕨・木ノ芽

カラー写真20ページ
エッセイ130ページ

**材料**

うど
たけのこ（木積筍※3）
青干しぜんまい
かんぴょう
わらび
花かんぞう（花萱草・乾燥）
木の芽
太白胡麻油

**作り方**

**1** うどは皮をむいて3～4㎝長さに切り、八方地※4で煮て味を含ませる。葉先も煮浸しにする。

**2** たけのこは皮をむき、絹皮や切りくずを茹で、茹で汁に昆布を2時間ほど浸した後、鰹節を加えてだしをとる。根に近い部分を厚めの輪切りにし、だしを注いでひと煮立ちさせ、濃口醤油とみりんで炊く。取り出して粉鰹をふりかける。

**3** 青干しぜんまいは水で戻した後、茹でて戻し、水に晒し、戻したかんぴょうで束ねて結び大原木にする。だし、酒、濃口醤油、みりんで調味してゆっくり煮含める。

**4** わらびはアクぬきし、淡口八方浸しにする。

**5** 花かんぞうは水で戻し、よく水洗いして茹で、太白胡麻油で軽く炒め、だし、酒、淡口醤油、みりんで甘めに煮る。

**6** 器に1、2、3、4、5と木の芽を盛り合わせる。

※1
芥子酢味噌＝砂糖45g、酢300cc、淡口醤油大さじ1弱、白味噌500g、みりん大さじ1弱、練り芥子適量を合わせ、すり鉢ですり混ぜ、羽二重漉しする。

※2
煎り酒＝古酒900ccに梅干（塩辛いもの）20個を入れて約半量に煮詰め、淡口醤油で味を調え、冷めたら爪昆布を浸す。爪昆布とは昆布を手すきする時に残る端の部分。

※3
木積筍＝139ページ参照

※4
八方地＝だし500cc、酒50cc、塩小さじ1強、淡口醤油70cc、みりん25cc。淡口八方は塩を用いない。

上野修三

## 三色焼
### 桜鱒桜色酒粕焼　桜鱒木ノ芽田楽
### 桜鱒香味油泡雪焼
### 花びらうど

カラー写真21ページ
エッセイ131ページ

**材料**
サクラマス
糀
酒粕（吟醸酒の酒粕）
卵白（メレンゲ）
食紅
木の芽味噌※5
太白胡麻油
玉ねぎ
にんじん
セロリ
マヨネーズ
氷餅粉
うど

**作り方**

**1** サクラマスは三枚におろして塩を当てる、3切れで一人分の大きさに切る。

**2** 桜鱒桜色酒粕焼を作る。1を糀に漬けて一晩おく。吟醸酒粕を酒、卵白を泡立てたメレンゲで溶き、塩で味を調え、食紅で薄く色付け、糀漬けにしたサクラマスに塗って焼く。

**3** 桜鱒木ノ芽田楽を作る。1を木の芽味噌に漬けて一晩おき、木の芽田楽にする。

**4** 桜鱒香味油泡雪焼を作る。玉ねぎ、にんじん、セロリは摺りおろして太白胡麻油と合わせ、塩、胡椒で味を調え、1を漬けて一晩おく。卵白を泡立ててメレンゲを作り、マヨネーズで味付けして、先のサクラマスに塗り、氷餅粉をふりかけて焙る。

**5** 器に2、3、4を盛り、花びらうどを飾る。

上野修三

## 桜ケ丘
### 若牛蒡の蝦豆腐寄せ
### 黄身揚牛蒡　雪の下　生姜おろし　天露

カラー写真22ページ
エッセイ132ページ

**材料**
エビ摺り身
エビ味噌
木綿豆腐
山の芋
若ごぼう（八尾牛蒡※6）
海苔
みじん粉
雪の下
片栗粉
卵白（メレンゲ）
おろし大根
生姜
天つゆ

**作り方**

**1** 木綿豆腐、エビ味噌はそれぞれ裏漉しにし、山の芋は摺りおろし、エビ摺り身と混ぜ合わせて塩で味を調える。

**2** 若ごぼうの茎は細切りまたは粒に切り、1をつなぎにしてまとめ、海苔にのせ、みじん粉をふりかけて揚げる。

**3** 若ごぼうの根はひげ付きのままよく洗って茹で、八方煮にする。

**4** 雪の下は片栗粉とメレンゲの衣をまぶして揚げ、白扇揚げにする。

**5** 器に2、3、4を盛り合わせ、おろし大根と生姜、天つゆを添える。

※5
木の芽味噌＝白味噌100gに卵黄1個を入れ、酒、砂糖、みりんでやわらかくし、とろ火で煮詰める。

※6
八尾牛蒡＝133ページ参照

上野修三

## 蕗ずし

泉州水蕗　焼穴子鮓飯　金糸玉子　桜麩の甘煮
木ノ芽

カラー写真23ページ
エッセイ134ページ

**材料**

ふき（泉州水蕗※1）
焼きアナゴ
すし飯
もみ海苔
錦糸卵
桜麩
木の芽

**作り方**

**1** ふきは茹でて皮をむき、八方地に浸す。小口切りにし、細い部分（葉に近い部分）は粒に切る。
**2** 焼きアナゴはみじん切りにする。
**3** すし飯に1の蕗の細い部分と2を混ぜる。
**4** 器に3を入れ、もみ海苔をふりかけ、錦糸卵、1の太い部分を散らし入れ、桜麩、木の芽を飾る。

上野修

## 貝塚早生と貝沙羅陀

片栗菜　二十日大根　春蘭
目箒味噌ドレッシング　梅肉ドレッシング

カラー写真24ページ
エッセイ135ページ

**材料**

玉ねぎ（貝塚早生玉葱※2）
タイラギ
アカガイ
トリガイ
片栗菜
ラディッシュ
しゅんらん（春蘭）
酢味噌※3
めぼうき（目箒＝バジル）
梅肉※4

**作り方**

**1** 酢味噌にバジルを擂ったものを合わせ、サラダ油とオリーブ油を加えてめぼうき味噌ドレッシングを作る。
**2** 梅肉は味を調え、サラダ油とオリーブ油を加えて梅肉ドレッシングを作る。
**3** 玉ねぎはスライスして晒す。
**4** タイラギ、アカガイ、トリガイはそれぞれ下処理して食べやすく切る。
**5** 片栗菜は塩茹でする。
**6** 器に3と4を盛り、5、ラディッシュとしゅんらんを飾り、1と2を添える。

※1
泉州水蕗＝134ページ参照

※2
貝塚早生玉葱＝135ページ参照

※3
酢味噌＝白味噌200g、砂糖15g、米酢72cc、淡口醤油小さじ2、みりん小さじ1を合わせる。

※4
梅肉＝赤梅肉400g、白梅肉1600g、砂糖500g、みりん108cc、昆布酒（昆布を入れて煮切った酒）72ccを合わせる。

上野 修

# 焼穴子とかしわの山菜鍋

## 川芹 浜防風 雁足 絹揚 独活 花山椒

カラー写真 25ページ
エッセイ 137ページ

**材料**

アナゴ
鶏ささみ肉
せり
浜防風
がんそく（雁足）
絹揚
うど
花山椒

**作り方**

**1** 真昆布※5と鶏ガラ、アナゴの骨でだしをとる。

**2** アナゴは一杯焼※6にし、鶏のささみは薄塩をし、葛叩きにする。

**3** 1を小鍋に入れて淡口醤油、濃口醤油、酒で調味し、2のアナゴと鶏肉、せり、浜防風、塩茹でしたがんそく、絹揚、短冊にしたうどを入れ、花山椒を散らす。

上野 修

# 桜鯛と泉州筍

## 桜鯛の真子焼と白子焼
## 貝塚木積の朝掘筍の木ノ芽焼
### 独活の梅酢漬

カラー写真 26ページ
エッセイ 138ページ

**材料**

タイ
たけのこ（木積筍）
あさつき
卵白（メレンゲ）
卵黄
酢
太白胡麻油
干しホタテ貝柱
山木ノ芽※7
花山椒
うど（梅酢漬）

**作り方**

**1** タイの真子でカラスミを作っておく。

**2** タイは三枚におろし、背側と腹側に分ける。腹身は塩をなじませ、脱水シートで脱水する。

**3** 白子は2つに分ける。一方は、白煮にして裏漉し、あさつきとメレンゲを加える。

**4** 残りの白子を2の背身（塩はしない）で挟んで照焼※8にし、3で化粧焼きする。

**5** 卵黄、酢を湯煎にかけ、撹拌しながら太白胡麻油を加える。

**6** 2の腹身を焼いて5を塗り、カラスミのスライスをのせて焼く。

**7** たけのこの絹皮と干しホタテ貝柱で合わせだしをとり、合わせ醤油※9を作る。

**8** たけのこを炭火焼きし、7を塗り、叩き木ノ芽をかける。

**9** 器に4の白子焼、6の真子焼と8を盛り、梅酢漬のうど、花山椒、山木ノ芽を添える。

※5 真昆布だし＝㐂川では昆布は真昆布を使用する。

※6 一杯焼＝かけ焼の回数を照焼より減らして下味を付けたもの。

※7 山木ノ芽＝山で採れる天然ものの木の芽。

※8 照焼＝酒、みりん、砂糖、溜まり醤油、濃口醤油で焼く。

※9 合わせ醤油＝合わせだし3に、濃口醤油・溜まり醤油・みりん各1を合わせる。

上野 修

## 稚鮎の花独活巻揚
### こしあぶら

カラー写真 27ページ
エッセイ 140ページ

**材料**

稚アユ
うでじか（花うど）
こしあぶら
おろし酢※1

**作り方**

**1** うでじかの葉を適当な大きさに切り、稚アユの帯にして巻き、平串と踊り串の二種揚げにする。衣は片栗粉、水、卵白。
**2** こしあぶらも同じ衣で揚げる。
**3** 器に1、2を盛り、おろし酢を添える。

上野 修

## 鮎並の蕗包飯
### 独活金平　はじかみ

カラー写真 27ページ
エッセイ 141ページ

**材料**

アイナメ
餅米
ふき
うど（きんぴら）
はじかみ生姜

**作り方**

**1** アイナメは三枚におろし、中骨をたれ焼※2にする。
**2** 1で飯蒸を作り、仕上げに茹でたふきを混ぜる。
**3** アイナメの上身をたれ焼にする。
**4** ふきの葉で2と3を包み、い草でしばり、蒸す。
**5** 器に盛り、うどのきんぴら、はじかみ生姜を添える。

※1
おろし酢＝おろし大根に土佐酢を混ぜる。

※2
たれ焼＝たれの割合は、煮切り酒・煮切りみりん各2700cc、砂糖2kg、たまり醤油・濃口醤油各1800cc。

上野直哉

# 飯蛸の洗膾

## 生姜醤油　筍　雁足　浜防風

カラー写真28ページ
エッセイ143ページ

**材料**
イイダコ
たけのこ
がんそく（雁足）
浜防風
ラディッシュ
木の芽
生姜醤油

**作り方**
1 イイダコの胴から墨袋を取り出し、大根おろしか塩を加えてよく揉み、水洗いする。
2 足と胴に切り分け、それぞれ湯で霜降り、または茹でて冷水に取る。
3 2を包丁し、昆布湯で茹でたたけのこと塩茹でのがんそく、生の浜防風、ラディッシュ、木の芽とともに盛り付け、生姜醤油ですすめる。

上野直哉

# 碓井豌豆の豆乳豆腐　清汁仕立

## 筍　蕗　鞘巻海老　花弁独活　木の芽

カラー写真29ページ
エッセイ144ページ

**材料**
えんどう豆（碓井豌豆※3）
豆乳
吉野葛
たけのこ
ふき
クルマエビ
うど
木の芽

**作り方**
1 えんどう豆を水の中でむき、たっぷりの湯で湯がいて冷水に取り、冷たい八方地※4に浸けて数時間置く。
2 鍋に豆乳、だし、吉野葛をよく混ぜ合わせ、弱火にかけて胡麻豆腐の要領で練る。仕上げに塩、淡口醤油、みりんで味を調え、1を加えて混ぜ、ラップで茶巾絞りにして急冷する。
3 2をラップごと熱湯で温め、ラップから取り出して椀に盛る。たけのことふきの八方煮と、塩茹でのクルマエビ、花弁うど、木の芽を添えて、吸地をはる。

※3
碓井豌豆＝144ページ参照

※4
八方地＝だし500cc、塩小さじ½、淡口醤油大さじ1、みりん少々。

上野直哉

# 鯛真子の牡丹煮　白子餡掛け

## 但東うど白煮　蚕豆　針生姜

カラー写真 30ページ
エッセイ 145ページ

**材料**

鯛の真子
鯛の白子
ふき
土生姜
練り胡麻
うど（但東うど※2）
そら豆
木の芽

**作り方**

1 真子を開き、薄皮を上にして広げて、茹でたふきを並べてしっかり巻く。

2 沸騰した湯の中に1をそっと入れ、周囲が固まったら冷水に取る。その後、水気を切り、生姜1片と酒を加えた甘八方地※1で煮る。冷蔵庫で冷やす。

3 白子は、熱湯で霜降りの後、2より甘みを控えて同様に煮て、冷ましてから白子を取り出し裏漉しする。

4 3に煮汁と微量の練り胡麻をを加えてのばし、冷蔵庫で冷やす。

5 篠剥きにして白煮にしたうどと、八方煮にしたそら豆をそれぞれ冷やしておく。

6 2を切って盛り付け、5を添えて、4の白子あんをかけ、針生姜と木の芽をのせる。

上野直哉

# 目板鰈の掻き餅揚と道明寺糒　銀餡掛け

## 花山椒　金漆芽新挽揚

カラー写真 31ページ
エッセイ 146ページ

**材料**

メイタガレイ
道明寺糒
八方地
木の芽
かき餅粉
銀餡※3
こしあぶら
新挽粉
花山椒

**作り方**

1 道明寺糒を流し缶に入れ、熱い八方地を加えてよく混ぜてしばらく置き、蒸し器で蒸し上げて冷ましておく。

2 1を適当な大きさにカットし、叩き木の芽を混ぜて俵型に握り、再び蒸し器で温める。

3 メイタガレイの切り身に天ぷら衣をつけてから、かき餅粉をつけて油で揚げる。

4 器に2と3を盛り付けて銀餡をかけ、新挽揚げにしたこしあぶらと、塩茹でした花山椒を添える。

※1
甘八方地＝だし500cc、酒200cc、砂糖大さじ5、淡口醤油大さじ5、塩小さじ1、みりん大さじ2の割合。

※2
但東うど＝兵庫県豊岡市但東町特産。やわらかく歯ざわりのよい白うど、風味の強い赤うどがある。この料理では白うどを使用。

※3
銀餡＝だし200cc、塩小さじ½、淡口醤油小さじ1に、だし溶き葛少々でとろみを付ける。

上野直哉

# 朝採り苺と桜花アイスクリーム
## 揚げ蓬麩　小豆

カラー写真 31ページ
エッセイ 148ページ

**材料**
いちご
桜の葉（塩漬）
桜の花（塩漬）
牛乳（低温殺菌）
卵黄
グラニュー糖
生クリーム
蓬麩
茹であずき

**作り方**
**1** 桜の葉、ガクをはずした桜の花を、それぞれ流水で塩抜きする（少し塩分が残る程度）。
**2** 鍋に牛乳と桜の葉を入れ弱火にかけ、沸騰寸前に火からおろして自然冷却する。ざるなどで葉を取り除いておく。
**3** ボウルに卵黄とグラニュー糖を入れ、泡立て器で白っぽくなるまで混ぜる。
**4** 3のボウルに2を少量ずつ混ぜて鍋に戻し、中火にかける。
**5** 木べらで混ぜながら加熱し、とろみが付いたらシノワで漉し、急冷する。
**6** 生クリームとよく絞った桜の花を加えて、アイスクリームメーカーで攪拌する。冷凍庫で保存する。
**7** サラダ油で蓬麩を揚げ、揚げたてを器に盛り、6をのせる。いちごを添えて、茹であずきをかける。

上野修三

# 鱸の洗膾二様
## 鱸の細引　たで葉そえて　蓼酢味噌
## 鱸腹身と独活　梅肉醤油

カラー写真 36ページ
エッセイ 150ページ

**材料**
スズキ
酢取り新蓮根
うど
松菜
山葵
蓼酢味噌※1
梅醤油※2

**作り方**
**1** スズキは三枚におろして皮を引き、上身にして適宜に切り、氷水で洗って身を締め、水分を押さえる。
**2** よく冷やした器に1を盛り、甘酢に漬けた蓮根と山葵、短冊に切ったうど、松菜の湯取り※3を添える。
**3** 別容器に入れた蓼酢味噌、梅醤油ですすめる。

上野修三

# 煮浸し冷麺
## 鳥飼茄子翡翠煮　白州海老　手延べ素麺
## 蝦出汁仕立　生姜

カラー写真 37ページ
エッセイ 151ページ

**材料**
なす（鳥飼茄子※4）
そうめん
シラサエビ
干しサクラエビ
おろし生姜

**作り方**
**1** シラサエビは頭を取る。
**2** だし（昆布と鰹）に、1のエビの頭と干しサクラエビを入れて合わせだしをとる。
**3** 2でエビを炊き、次になす、そうめんの順に炊く。※5
**4** 冷蔵庫で一晩冷やし、おろし生姜を添える。

※1
蓼酢味噌＝酢味噌にたでの青寄せ（241ページ参照）を混ぜたもの。酢味噌は、同量の白味噌と田舎味噌を合わせ、昆布だし、米酢を加えて擂りのばす。

※2
梅醤油＝淡口醤油に半量の煮切り酒と少量のみりんを加え、昆布を浸したものに少量の梅肉を溶かし入れる。

※3
湯取り＝食感を残すようにさっと茹で、すぐ冷水で色止めする。

※4
鳥飼茄子＝151ページ参照

※5
小エビとなすをじっくり炊く大阪のおかず「忘れ煮」からの発想。

上野修三

## 篭形越瓜　海老掬い真丈　冥瓜冷し餡

姫おくら　露生姜

カラー写真 38ページ
エッセイ 153ページ

**材料**

うり（玉造黒門越瓜※6）
エビ
卵白
山芋
オクラ
生姜

**作り方**

**1** うりは皮をむいて適当な長さに切り、中をくり抜いてカップ形にカットし、茹でる。※7
**2** くり抜いた中子※8は茹でて種を除き、ミキサーにかけてみぞれ状にする。
**3** エビは殻と頭を取って擂り身にし、卵白、山芋、だしを加えて団子にする。
**4** だし（昆布と鰹）にエビの殻と頭を加えて合わせだしをとり、3をさっと炊く。
**5** 4の煮汁に2を入れ、軽く火を通し、葛でとろみを付ける。
**6** 器に5を注ぎ、1のカップに4と茹でたオクラを盛り込み、生姜汁を落とす。

上野修三

## 鮑の和多焼（共貝盛）

花丸胡瓜の松前漬

カラー写真 39ページ
エッセイ 154ページ

**材料**

アワビ
寺納豆※9
きゅうり（甘酢漬）
みょうが（甘酢漬）

**作り方**

**1** アワビはきれいに洗って殻からはずす。
**2** 寺納豆を酒に浸して裏漉し、1のアワビの生肝と擂り合わせ、たれを作る。
**3** 1のアワビの上身を酒煎りし、2のたれを手早く絡める。
**4** アワビの殻に3を盛り、昆布押しした細きゅうりとみょうがの甘酢漬を添える。

※6 玉造黒門越瓜＝153ページ参照

※7 越瓜のカップ＝角ノミで表面に斜めの切り込みを入れるとカットグラスのような透明感が美しい。

※8 中子《なかご》＝種を含むやわらかい部分。

※9 寺納豆＝納豆大豆に糀菌をまぶして塩水で発酵させ乾燥させたもの。寺院で製造されたことから寺納豆と呼ばれ、京都・大徳寺、浜松・大福寺などのものが有名。納豆の元である豉《くき》（豆に形をした発酵食品）とアワビの腸《わた》（和多）で作るたれなので、香りが酒にもご飯にも合う。

上野修三

# 穴子竜眼揚　共餡

青唐　生姜

カラー写真 39ページ
エッセイ 156ページ

**材料**

アナゴ
温泉卵
生ハム
擂り身
海苔
青海苔
青唐辛子
おろし生姜

**作り方**

**1** アナゴは腹開きにし、霜降りしてよく洗いぬめりを取り、だし、酒、淡口醤油、みりんで炊き、平たく押す。

**2** かための温泉卵に生ハムを巻き、1のアナゴの皮目に薄く擂り身を付けて巻き、さらに海苔で巻く。

**3** 天ぷら衣に青海苔を入れ、2を白染揚※1にする。

**4** 1の煮汁に葛でとろみを付ける。

**5** 器に3を盛って4をかけ、素揚げした青唐辛子とおろし生姜を添える。

上野 修

# 割鮮 其々味造り

車蝦　蛸の湯あらひ　黒鮪　鯛の昆布〆
太刀魚　烏賊の鳴門　鱧雲丹

カラー写真 40ページ
エッセイ 157ページ

**材料**

クルマエビ／蝦酢味噌※2
ハモ、ウニ／黒潮塩／山葵
タイ／昆布／花胡瓜
イカ／梅肉餡※3
マグロ／芳香酢醤油※4／山葵
タチウオ／酒盗餡※5／芽ねぎ
タコ／目箒酢味噌※6
ラディッシュ

**作り方**

**1** 魚はそれぞれ下ごしらえして刺身用に整える。

**2** クルマエビは湯引きして氷水で締め、背開きにして尾の先を切る。蝦酢味噌を添える。

**3** ハモは皮目を炭火で焼き霜にして切り分け、温かいうちにウニをのせ、黒潮塩をふり、山葵を添える。

**4** タイは軽く塩をして脱水シートを当て、昆布に挟んで約2時間、昆布締めにする。

**5** イカは細かい包丁目を入れて焙り、梅肉餡を添える。

**6** マグロは芳香酢醤油を塗り、山葵を添える。

**7** タチウオは皮目を炭火で焼き霜にして切り分け、酒盗餡と芽ねぎを添える。

**8** タコの吸盤は茹で、上身は60℃ぐらいの湯で洗い、氷水で締めて、目箒酢味噌を添える。ラディッシュを飾る。

※1 白染揚＝白扇揚。色づかないように揚げる。

※2 蝦酢味噌＝トビアラ（跳荒蝦）の頭の目先を取り除いたものを炭火焼きにし粉砕し、これに酢味噌を合わせ、裏漉しする。酢味噌は218ページ参照。

※3 梅肉餡＝梅肉を重湯でゆるめる。

※4 芳香酢醤油＝軽く煮詰めたバルサミコ酢1、土佐醤油3の割合で合わせ、ゼラチンを加え撹拌しながら固める。

※5 酒盗餡＝酒盗50gと卵黄300gを湯煎にかけて煎る。

※6 目箒酢味噌＝めぼうき（バジル）を擂り、酢味噌に加える。酢味噌は218ページ参照。

上野 修

# いも たこ なんきん
## 石川小芋 柔ら蛸 勝間南瓜
## 姫おくら 香り柚子

カラー写真 42ページ
エッセイ 159ページ

**材料**
小芋（石川小芋※7）
タコ
かぼちゃ（勝間南瓜※8）
青柚子

**作り方**
**1** 小芋は米の研ぎ汁と鷹の爪で戻し八方煮にする。
**2** タコは濃口醤油とみりんでやわらか煮にする。
**3** かぼちゃは薄口醤油、塩、砂糖で炊く。
**4** かぼちゃの擂り流しを作る。かぼちゃを白醤油、塩、みりん、白味噌で炊き潰し裏漉す。
**5** 器に1、2、3を盛って4を張り、柚子をふる。

上野 修

# 千枚鮑の真昆布茹で
## 若布ドレッシング 肝味噌だれ
## 紅芯大根 裏漉し百合根

カラー写真 43ページ
エッセイ 160ページ

**材料**
アワビ
ワカメ
百合根
紅芯大根
真昆布だし
八丁味噌
塩納豆
太白胡麻油
マヨネーズ

**作り方**
**1** アワビは殻からはずし、身は極く薄切りにする。
**2** アワビの肝は真昆布だしで茹でて裏漉し、八丁味噌、塩納豆、昆布だしで調味して肝味噌だれを作る。
**3** 2の真昆布だしでワカメを茹でて取り出し、酢、みりん、白醤油、太白胡麻油とともにミキサーにかけ、ドレッシングを作る。
**4** 百合根は塩蒸しして裏漉し、塩、白醤油、マヨネーズで調味する。
**5** 3の真昆布だしの温度を75℃ぐらいに下げ、1のアワビの薄切りを茹でる。
**6** 器に5と2、3、4を盛り付け、撚り紅芯大根を添える。

※7 石川小芋＝159ページ参照
※8 勝間南瓜＝159ページ参照

上野 修

## ○椀 打ち茗荷 おくら

カラー写真 44ページ
エッセイ 162ページ

**材料**
スッポン
玉酒※1
山芋
卵白
卵
オクラ
みょうが

**作り方**
**1** スッポンは玉酒で炊き、濃口醤油、淡口醤油で調味する。
**2** 1をさばき、身とゼラチン質の部分に分ける。
**3** 2の身は擂り、山芋、卵白、塩を加えて真薯地を作る。
**4** 2のゼラチン質の部分は細かく切る。
**5** 卵を溶き、冷ました1のスッポンだしを加え、みりん、塩、淡口醤油で調味して卵豆腐の生地を作る。
**6** 流し缶に3を入れ、その上に4を敷き、5を流し、蒸し上げる。
**7** オクラはうてなを残し、一面ずつに切り離して細切りにし、茹でる。
**8** 椀に6を盛り、日本酒、塩、淡口醤油で調味した1のスッポンだしを張り、みょうがのせん切りと7をのせる。

上野 修

## 車蝦の枝豆揚 蝦香合わせ味噌 糸瓜 万願寺獅々唐

カラー写真 45ページ
エッセイ 163ページ

**材料**
車エビ
枝豆
エビ真薯
糸瓜
万願寺しし唐
白玉味噌
田舎味噌
真昆布だし

**作り方**
**1** 蝦香合わせ味噌を作る。蝦類の頭を炭火焼きし、潰して白玉味噌と田舎味噌を加え漉したものを温め、真昆布だしでかたさを調節しておく。
**2** 糸瓜、万願寺しし唐は八方地漬けにしておく。
**3** 塩茹でした枝豆を粗潰ししたものをエビの真薯でつなぐ。
**4** 車エビは足を残し殻をむき、腹開きし、そこに3を塗り付ける。
**5** 4の尾と頭をたこ糸で身が反るように調節し白染揚げにする。
**6** 器に2、3、5を盛り、1を添える。

※1
玉酒＝酒に同量の水を合わせたもの。

上野直哉

## 鱧の生霜造り

山葵二杯酢　柚子胡椒酢　蓮芋叩き梅のせ
花穂　紫芽　花蓮根　撚り人参

カラー写真46ページ
エッセイ164ページ

**材料**

ハモ
はす芋（青ずいき）
梅干し
花穂じそ
紫芽じそ
新れんこん
大葉じそ
山葵
柚子胡椒酢※2
二杯酢※3

**作り方**

**1** ハモを骨切りし、15cmくらいの長さに切る。
**2** 鍋に熱湯を沸かし、2つの編み杓子で1の身を挟むようにして持ち、皮目だけを霜降りにする。
**3** 氷で急冷して、切り揃える。
**4** 器に大葉じそを敷いて3を盛り、浸しにしたはす芋、花穂じそ、紫芽じそ、新れんこん、山葵を添える。
**5** 柚子胡椒酢と二杯酢を添えて供する。

上野直哉

## 茂魚の酒汐蒸し

橙酢油流し　フィンガーライム　共子湯引
冬瓜　玉葱　ラディッシュ　黄金いくら

カラー写真47ページ
エッセイ166ページ

**材料**

アコウ（キジハタ）
玉ねぎ
冬瓜
ラディッシュ
黄金いくら（塩蔵ヤマメ卵）
フィンガーライム
橙酢ドレッシング※4

**作り方**

**1** アコウを適当な大きさに切り、霜降りにしてからよく洗って水気をきる。
**2** 煮切り酒に白醤油、みりん、塩、昆布を加えた地に1を一晩浸け置く。
**3** フライパンで2の表面をさっと焼いて焼き目を付け、バットに移して蒸す。
**4** 3を器に盛り、晒し玉ねぎ、八方地で煮含めた冬瓜とアコウの真子、ラディッシュ、黄金いくら、フィンガーライムを添えて、橙酢ドレッシングをまわしかける。

※2
柚子胡椒酢＝青橙の搾り汁180cc、煮切り酒140cc、塩30gを合わせ昆布少々を加えて二晩浸け置き使用。使うたびに柚子胡椒適量を溶く。

※3
二杯酢＝通常は酢と淡口醤油を同量合わせるところ、この料理では、酢、淡口醤油、だし各同量を合わせる。

※4
橙酢ドレッシング＝青橙の搾り汁180cc、白醤油200cc、煮切り酒80cc、みりん60cc、酢30cc、サラダ油80ccを合わせる。

上野直哉

# 伊佐木の香醋焼

刻み青唐　酢どり茗荷　新銀杏酒煎り
新甘藷檸檬煮　八代おくら雲丹香煎

カラー写真48ページ
エッセイ167ページ

**材料**
イサキ
香醋たれ
青唐辛子
太白胡麻油
新ぎんなん
玉酒
新さつまいも（レモン煮）
オクラ（八代おくら※1）
煎り雲丹
酢どりみょうが

**作り方**

**1** 香醋たれを作る。鍋に酒とみりんを入れて煮切り、砂糖、濃口醤油、たまり醤油、香醋を加えて煮詰める。半量になる頃に、香醋を少し足して火を止め冷ます。

**2** イサキを1に10分程度浸け置き、金串を打って焼く。漬け汁を時々かけながら焼き、刻んだ青唐辛子に太白胡麻油をまぶしたものをのせて、焼き目を付けて仕上げる。

**3** 大皿に、2のイサキを盛り、塩を加えた玉酒で酒煎りにした新ぎんなん、新さつまいものレモン煮、オクラの薄衣揚げに煎り雲丹をまぶしたものを前盛りにし、酢どりみょうがを添える。

上野直哉

# 栄螺の大船煮と白和え　共肝餡

青柚子　蔓紫　隠元豆　海葡萄

カラー写真50ページ
エッセイ168ページ

**材料**
サザエ
大豆
八丁味噌
いんげん豆
つるむらさきの花
青柚子
白地※2
海ぶどう

**作り方**

**1** 大豆を洗って、一晩水に浸け置き、水ごと鍋に移し替えて火にかけ、かために戻す。

**2** 別鍋に洗ったサザエを入れて、大根の輪切りを加え、たっぷり目の水を注いで火にかけ、1時間程度煮て冷ます。

**3** 2の殻から身と肝など可食部分を取り出して掃除し、漉した煮汁とともに1の鍋に入れて、やわらかくなるまで煮る。

**4** 酒、砂糖、淡口醤油、みりんで調味し、煮汁が少なくなるまで煮込んで冷ます。

**5** 肝の一部を裏漉しし、煮汁と八丁味噌を加えて味と固さを調節して共肝餡を作る。

**6** 大豆とサザエを盛り付け、5をかけ、八方煮のいんげん豆と、つるむらさきの花、針柚子を添える。（手前の器）

**7** 大豆とサザエを白地で和えて器に盛り、海ぶどうをのせる。（奥の器）

※1 八代オクラ＝兵庫県豊岡市八代町特産、在来種のオクラ。一般的なオクラより多角で大きく、溝が深いのが特徴。加熱するとやわらかくて歯切れよく、わずかな渋みがある。

※2 白地＝かために押して裏漉した木綿豆腐400gに、白味噌25g、練り胡麻小さじ1と½、砂糖大さじ2、淡口醤油大さじ1、みりん少々を摺り合わせ羽二重漉しにする。

上野直哉

# 翡翠茄子と蓴菜、蒸し鮑の冷し鉢
## 喰出汁　もぐさ生姜

カラー写真 51ページ
エッセイ 170ページ

**材料**

なす（進美なす※3）
アワビ
じゅんさい
土生姜

**作り方**

**1** なすを油で揚げ、冷水に取って皮をむき、追い鰹をした冷たい八方地に浸けて、冷蔵庫で数時間おく。

**2** アワビをバットに並べて、大根の輪切りをのせ、やわらかくなるまで蒸す。冷ましておく。

**3** だしに淡口醤油、味醂、酢を加えて火にかけ、沸騰直前に追い鰹をして冷まし漉したものを、冷蔵庫でよく冷やす。

**4** 生じゅんさいを熱湯にくぐらせ、冷水に取る。

**5** 1、2を切って、じゅんさいとともに器に盛り、3をかけて、おろし生姜をのせる。

※3
進美なす＝170ページ参照

上野修三

# 鯔の紙締　けずり唐墨
# 鯔の昆布締　昆布粉被け　茗荷　すだち
# 鯔の琥珀漬

カラー写真 56ページ
エッセイ 171ページ

**材料**
ボラ
カラスミ
おぼろ昆布
酢どりみょうが
すだち
糀
八丁味噌
おろし大根
芽大根
山葵

**作り方**

**鯔の紙締**

1 ボラは三枚におろして皮を引き、紙塩※1をあて、脱水シートに包んで2時間ほどおく。

2 1を切り、器に盛り付け、カラスミを削ってのせる。

**鯔の昆布締**

1 ボラは三枚におろして皮を引き、塩をふり（通常の塩加減）、昆布に挟み、2時間ほどおく。

2 1を切り、器に盛り付け、おぼろ昆布の粉をかけ、酢どりみょうがの針打ちとすだちを添える。

**鯔の琥珀漬**

1 ボラは三枚におろして皮を引き、糀を温水で戻して八丁味噌を加えた床に6～10時間漬ける。

2 1を切り、器に盛り付け、おろし大根と芽大根、山葵を添える。

上野修三

# 焦し鯖船場煮
# 白滝大根・葉　紅葉人参　みじん茗荷

カラー写真 57ページ
エッセイ 173ページ

**材料**
サバ
大根（田辺大根※2）
芽大根
みょうが

**作り方**

1 サバは三枚におろし、塩をふり（塩鯖程度の塩加減）、アラは強塩で一晩おく。

2 大根は蕎麦のように紐状に切り、にんじんは薄切りにして紅葉に切る。

3 昆布だしに少量の塩を加え、2の大根とにんじんを切れ端とともに入れて茹でる。

4 1のアラを水にさらして塩気を半分程度残して塩抜きする。

5 3の茹で汁と4を火にかけ、アクを取りながら炊いてだしを作る。

6 1のサバの身に井形に包丁を入れ、焙って焼き目を付ける。

7 器に6、3の大根とにんじん、芽大根を盛り付け、5のだしを注ぎ、みじんに切ったみょうがを天盛りにする。

※1
紙塩＝湿らせた和紙で包み全体に塩を軽くふる。

※2
田辺大根＝196ページ参照

上野修三

# 捏ね蝦の新挽揚

## 銀杏雲丹揚

カラー写真 58ページ
エッセイ 174ページ

**材料**

トビアラ（サルエビ）
山芋
浮き粉
卵白
玉ねぎ
みじん粉
青海苔粉
餅銀杏※3
塩ウニ

**作り方**

**1** トビアラは身肉を摺り身にして、とろろにおろした山芋、浮き粉、卵白を適宜加えて粗叩きする。

**2** 1にみじん切りにした玉ねぎを混ぜ、梅干状に丸めて団子にし、トビアラの足をつけ、団子の部分だけみじん粉をまぶして揚げ、青海苔粉をふる。

**3** 餅銀杏は塩ウニ入りの黄身衣※4を付け、青海苔粉を混ぜた衣を部分的にのせて揚げ、松葉に刺す。

**4** 器に2と3を盛り合わせる。

上野修三

# 豆飛龍頭の湯葉巻煮

## 子芋八方煮　いんげん豆　柚子

カラー写真 58ページ
エッセイ 176ページ

**材料**

木綿豆腐
大豆
にんじん
山芋
生ゆば
子芋（里芋の子）
いんげん
柚子

**作り方**

**1** 大豆はやわらかく戻す。木綿豆腐は水きりしておく。にんじんはせん切りにして湯がく。

**2** 1の豆腐にとろろにおろした山芋を混ぜ、大豆とにんじんを加え、ひろうす地を作る。

**3** 2を直径4㎝ほどの棒状にまとめ、油で揚げる。

**4** ゆばを広げ、3を巻き、甘八方地で蒸し煮にする。

**5** 子芋は皮をむいて形を整え、米の研ぎ汁で茹でて晒し、八方煮にする。

**6** 器に4、5を盛り付け、塩茹でしたいんげんを添え、針柚子を天盛りにする。

※3
餅銀杏＝薄皮を除いたぎんなんを餅米の粥で炊く。

※4
黄身衣＝通常の天ぷら衣より卵黄の割合を多くして黄色みを強くする。

## 柿・海月の柿酢
### 銀寄栗渋皮煮　れもん白酢

上野修三

カラー写真59ページ
エッセイ177ページ

**材料**
柿（富有柿）
おろし大根
クラゲ
土佐酢※1
三つ葉
銀寄栗※2
レモン白酢※3
柚子

**作り方**
**1** 柿は枝葉が付いたものを用意し、柿の実をくり抜き、柿釜を作る。
**2** くり抜いた丸い実は甘酢に浸して酢どりし、細かく崩れた実は大根おろしを加えたみぞれ酢と和える。
**3** クラゲは霜ふりにし、土佐酢に浸ける。
**4** 銀寄栗は一晩水に浸して鬼皮をむき、灰汁で下茹でし、竹串が通るまで茹でて茹で汁ごと一晩おき、渋皮を傷つけないように掃除する。水から火にかけ、砂糖と濃口醤油で田舎煮風に炊き、そのまま冷まして味を含ませる。
**5** 柿釜に2と3を盛り込んで三つ葉を差し込み、4の銀寄栗にレモン白酢をかけて添えて針柚子をのせる。

## 秋鰆と魳の燻し造り
### わさび菜　野生クレソン　チコリー

上野修

カラー写真60ページ
エッセイ179ページ

**材料**
サワラ
カマス
酒盗
わさび菜
クレソン
エンダイブ

**作り方**
**1** サワラは三枚におろし、塩を馴染ませ、桜チップでスモーク※4する。
**2** カマスは三枚におろし、酒盗汁締め※5し、松葉でスモークする。
**3** それぞれを適当な大きさに造る。
**4** 器に3を盛り、わさび菜、クレソン、エンダイブをあしらい、別の器で酒盗餡を添える。

※1
土佐酢＝水500ccに砂糖250g、酢1・5L、淡口醤油250ccを合わせて昆布適量を浸して2時間以上おき、中火にかけて沸騰直前に昆布を取り出して火を止め、カツオ節適量を加えて再度ひと煮立で火を止め、5分おいて漉す。

※2
田銀寄栗＝北摂（大阪府北部）の能勢で開発された品種。大粒で独特な香りと甘みをもつ。

※3
レモン白酢＝水きりした木綿豆腐½丁を羽二重漉し、練りごま大さじ3とともにすり鉢で当たり、レモン汁2個分を少しずつ加えて練り、砂糖大さじ4、塩小さじ½、淡口醤油小さじ⅓で調味する。

※4
スモーク＝古い中華鍋などの底に桜チップを敷き、網を置いてサラワをのせ、蓋をして弱火にかけ、香りを付ける。

※5
酒盗汁締め＝酒盗汁に漬けた後、脱水シートで脱水する。

上野 修

# 菱蟹の河内蓮根寄せ焼
## 松茸と菊菜の白ポン浸し（葉付柚子釜にて）

カラー写真 61ページ
エッセイ 180ページ

**材料**
ワタリガニ
れんこん（河内蓮根※6）
ぎんなん
きくらげ
白ねぎ
ばんか（蕃茄＝トマト）
松茸
菊菜
白ポン酢※7

**作り方**
**1** ワタリガニは蒸して捌き、身をせせり出す。
**2** れんこんを摺りおろして浮粉を加え、1のカニの身、ぎんなん、きくらげ、白ねぎを混ぜ、甲羅に詰めて焼く。
**3** カニの殻を香ばしく焼き、真昆布、トマト、白味噌とともに煮出してだしをとり、吉野葛で餡にして2にかける。
**4** 松茸は焙ってスライス、菊菜は湯がき、白ポン酢和えにしたものを葉付柚子釜に詰める。

上野 修

# 紅葉鯛と天王寺蕪
## 人参 柚子

カラー写真 62ページ
エッセイ 182ページ

**材料**
タイ
かぶ（天王寺蕪※8）
葛豆腐
にんじん
柚子

**作り方**
**1** タイは三枚におろす。かぶは皮をむく。
**2** タイの中骨に塩を馴染ませ、香ばしく焼き、かぶの皮とともに真昆布だしで40分ほど煮出し、漉しておく。
**3** かぶの葉は湯がき、ミキサーにかけてピュレにし、2のだしでのばし、酒、淡口醤油、塩、みりんで調味して蕪汁にする。
**4** タイの上身は塩焼きにする。
**5** かぶの実は炭火焼きにし、軸は葉で巻いて2のだしで地漬けしておく。
**6** 4、5、かぶの葛豆腐を椀だねにして3を注ぎ、湯がいた短冊切りのにんじん、柚子を添える。

※6 河内蓮根＝181ページ参照
※7 白ポン酢＝濃いめの八方だしにすだちを絞る。
※8 天王寺蕪＝182ページ参照

## 双身能勢椎茸の茸餡

三つ葉　針柚子

上野 修

カラー写真62ページ
エッセイ183ページ

**材料**

しいたけ(能勢椎茸※1)
ウズラ肉
卵白
山芋
春雨
ぬめりいぐち
なめこ
白きくらげ
きくらげ
三つ葉
柚子

**作り方**

**1** ウズラ肉は刃叩きをしてよく摺り、卵白、摺りおろした山芋、塩を混ぜて真薯を作る。

**2** しいたけの笠の部分に1を詰め、春雨揚げにする。

**3** ウズラの骨と真昆布、大根でだしをとり、酒、みりん、淡口醤油、濃口醤油で味を調える。

**4** ぬめりいぐち、なめこ、白きくらげ、きくらげを3で炊き、葛粉でかための餡にする。

**5** 器に2を入れて4を流し、三つ葉と針柚子を散らす。

## 海老芋の博多揚

餅銀杏の松葉刺し　穂じそ　青唐

上野 修

カラー写真63ページ
エッセイ184ページ

**材料**

えび芋
トビアラ(サルエビ)
ホタテ
アオサ
餅銀杏※2
青唐辛子

**作り方**

**1** えび芋は蒸して皮をむき、5㎜厚に切る。

**2** トビアラはぶつ切りにし、エビ味噌を混ぜる。

**3** 1と2とで博多※3にし、黄身衣を付けて揚げる。

**4** ホタテをミンチにし、卵白、摺りおろした山芋、塩を混ぜて真薯を作る。

**5** 粉にしたアオサと4を博多にして、黄身衣を付けて揚げる。

**6** 器に3、5を盛り、餅銀杏の松葉刺し、素揚げにした青唐辛子を添える。

※1 能勢椎茸＝183ページ参照

※2 餅銀杏＝233ページ参照

※3 博多＝交互に重ねること。博多帯の縞模様に由来する。

上野直哉

# 皮剝魚の肝味噌和え　薬味ぽん酢

芽葱　胡葱　柚子

カラー写真64ページ
エッセイ186ページ

材料
カワハギ
土生姜
黄柚子
あさつき
芽ねぎ
みょうが
薬味ぽん酢※4

作り方

**1** カワハギの鮫皮を引き剥がし、肝と胃袋を取り出して水洗いし、三枚におろす。

**2** 身皮をすき取って、肝、胃袋と共にそれぞれさっと茹でて冷水にとる。胃袋はよく洗っておく。

**3** 肝を裏漉し、別に裏漉した田舎味噌、生姜汁を加えて混ぜる。

**4** 身は細切りにし、刻んだ身皮と胃袋とともに3で和える。

**5** 器に柚子の輪切りを敷き、4を盛り付け、あさつきのみじん切りと、芽ねぎを散らし、みょうがを添える。薬味ぽん酢とともに供する。

上野直哉

# 鯧の西京煮

笹掻き牛蒡　金時人参　菠薐草　針柚子

カラー写真65ページ
エッセイ187ページ

材料
マナガツオ
ごぼう
土生姜
金時にんじん
ほうれん草
黄柚子

作り方

**1** マナガツオは三枚におろし、身は適当な大きさに切って霜降りにし、中骨はこんがりと素焼きにして、酒を加えただしに加えて骨だしをとる。

**2** 骨だしを漉し、白味噌、裏漉した少量の田舎味噌を加えて薄めの味噌汁を作り、砂糖を少々を加えてとろみが出るまで煮込む。

**3** 2に1のマナガツオの切り身とささがきごぼう、生姜1片を加えて煮込み、一度冷ましてしばらく味を含ませる。

**4** 再度温めて器に盛り、別に八方煮にした金時にんじんとほうれん草、柚子を添える。

※4
薬味ぽん酢＝青橙の搾り汁540cc、濃口醤油90cc、溜まり醤油90cc、みりん100cc、煮切り酒20cc、昆布5g、削り鰹10gを合わせて1週間から10日浸け置き、漉して使う。

上野直哉

## 丹波山の芋と零余子の薯蕷羹 共地餡かけ

### 播州百日どり　赤崎牛蒡

カラー写真 65ページ
エッセイ 188ページ

**材料**

山の芋
むかご
鶏もも肉（播州百日どり※1）
ごぼう（赤崎牛蒡※2）
紅葉麩
木の芽
練り芥子

**作り方**

1 山の芋を甘八方煮にして一度冷まして味を含ませる。蒸し器に入れ、熱いうちに裏漉し、ボウルでまとめるようにさっと捏ねておく。
2 流し缶か押し型にラップを敷き、別に塩蒸しにしたむかごを混ぜた1を詰めて重石をして冷蔵庫で冷やす。
3 山の芋を煮た1の煮汁にだしを加えて味を調え、葛粉をまぶした鶏肉を煮る。
4 2を流し缶から取り出して切り分け、蒸し器で温めて器に盛り、3の鶏肉、別に煮たごぼうと紅葉麩を添え、3の煮汁をかける。木の芽と練り芥子をのせる。

上野直哉

## 小野芋の朴葉焼

### 車海老　椎茸　銀杏　白葱

カラー写真 66ページ
エッセイ 190ページ

**材料**

里芋（小野芋※3）
クルマエビ
白ねぎ（下仁田葱）
れんこん（姫路蓮根※4）
ぎんなん
原木しいたけ
ぶなしめじ
青ねぎ
玉味噌※5
枯れ朴葉

**作り方**

1 里芋は塩蒸しにし、クルマエビと白ねぎは表面に焦げ目がつく程度に下焼きし、れんこんとぎんなんは、素揚げにする。
2 枯れ朴葉を2～3時間水に浸け置き、水分を拭いてから金網にのせ、煮きり酒でやわらかくのばした玉味噌を塗り、その上に1、しいたけ、しめじ、青ねぎをのせる。
3 2を炭火コンロにのせて焼く。

※1 播州百日どり＝兵庫県多可町加美区産。自然により近い環境で飼育に約100日かける。細やかな繊維質で口当たりがよい。

※2 赤崎牛蒡＝兵庫県豊岡市日高町産。太くてやわらかく香り高い。

※3 小野芋＝190ページ参照

※4 姫路蓮根＝214ページ参照

※5 玉味噌＝赤味噌500g、砂糖400g、酒100cc、みりん100cc、卵黄5個を混ぜて弱火にかけ、焦げないように練り上げる。

上野直哉

# 伝助穴子の素焼重

## 須磨海苔　山葵　割醤油

カラー写真 67ページ
エッセイ 191ページ

**材料**

アナゴ（伝助穴子※6）
玉酒
白飯
三つ葉
山葵
焼き海苔（須磨海苔※7）

**作り方**

**1** 腹開きにしたアナゴに金串を打ち、強火の近火で身から焼く。途中何度か返し、皮目に霧吹きで玉酒を吹きかけてこんがりと焼いて仕上げる。

**2** 重箱に炊き立ての白飯を詰め、刻んだ1をのせ、茹でた三つ葉を飾る。

**3** だしで割った醤油と山葵、ちぎり海苔を添えて供する。

※6
伝助穴子＝191ページ参照

※7
須磨海苔＝兵庫県神戸市須磨で養殖・加工。厚みがあり、しっかりした味と香りが特徴。

上野修三

## 黒鯛洗い　黄韮添え
### 柚子芥子酢味噌　よりうど

カラー写真72ページ
エッセイ193ページ

**材料**
クロダイ（チヌ）
黄にら
うど
柚子
芥子酢味噌※1
防風

**作り方**
**1** クロダイは三枚におろし、皮を引いて一口大のそぎ切りにする。
**2** 1を氷水にとって身を締め、ペーパータオルで押さえて水分をとる。
**3** 黄にらは茹でて食べやすい長さに切り揃える。
**4** うどは桂むきにし、斜めせん切りにして冷水に放し、撚りうどを作る。
**5** 柚子皮をすりおろして芥子酢味噌に混ぜる。
**6** 器に氷を敷いて2、3、4を盛り合わせて防風を飾り、5を添える。

上野修三

## 鶉の孕み真丈
### 難波葱焼と糸葱　丁字麩　忍び生姜

カラー写真73ページ
エッセイ194ページ

**材料**
ウズラ肉
卵白
山芋
温泉卵
丁字麩
青ねぎ（難波葱※2）
生姜汁

**作り方**
**1** ウズラ肉は刃叩きをしてよく摺り、卵白、摺りおろした山芋、塩と混ぜて生地を作り、温泉卵を包む。
**2** 酒と水を合わせて沸かし、1を入れて肉だけに火を通し、取り出す。
**3** 2の汁を漉し、塩と淡口醤油で吸地加減に調える。
**4** 丁字麩は戻し、3で煮含める。
**5** 青ねぎは根の部分を直焼きし、葉の部分は糸に切る。
**6** 椀に2の真薯を盛り、4の丁字麩と焼いたねぎを添え、吸地を張って生姜汁を落とし、糸ねぎを天盛りにする。

※1
芥子酢味噌＝砂糖45g、酢300cc、淡口醤油大さじ1弱、白味噌250g、赤味噌250g、みりん大さじ1弱、練り芥子適量を合わせ、すり鉢ですり混ぜ、羽二重漉しする。

※2
難波葱＝大阪市中央区と浪速区にまたがる難波の名産・青ねぎで最盛期は明治初期。葉ねぎだが根も甘い。「鴨なんば」「難波煮」の語源。

上野修三

# 雪輪大根　椿人参

柚子味噌

カラー写真73ページ
エッセイ196ページ

**材料**

大根（田辺大根）
にんじん
玉味噌※3
柚子
大根葉の青寄せ※4

**作り方**

1 大根は厚めの輪切りにし、雪輪※5に切る。
2 昆布水だし※6に洗い米を少量入れて1を茹で、米を取り除いて塩と淡口醤油で淡味煮にする。
3 にんじんは椿に切り、2とともに煮る。
4 玉味噌に柚子皮のすりおろしと果汁を加えて柚子味噌を作り、その半量に大根葉の青寄せを混ぜて緑にする。
5 器に柚子味噌を流して2の大根を盛り、緑の柚子味噌をかけ、3を飾る。

上野修三

# 赤舌鮃と世呂利の燻豚焼

酢橘　はじかみ生姜

カラー写真74ページ
エッセイ197ページ

**材料**

アカシタビラメ
セロリ
ベーコン
パセリ
マヨネーズ
すだち
はじかみ生姜

**作り方**

1 アカシタビラメは五枚におろし、塩を当てて風干しにする。
2 骨はからりと揚げて骨煎餅にする。
3 1と2、セロリ、ベーコンの大きさを揃え、ヨロイ串に刺す。
4 パセリのみじん切りをマヨネーズに混ぜ、3にのせ、直火焼きにする。
5 器に盛り、すだちとはじかみ生姜を添える。

※3
玉味噌＝酒180cc、砂糖200g、みりん180cc、卵黄10個を合わせて裏漉し、白味噌1.2kgを加え、弱火で2時間じっくり練る。

※4
青寄せ＝茹でて冷水で色出しした葉をすり鉢でよくすり合わせたもの。

※5
雪輪＝雪の結晶の形に飾り切りする。

※6
昆布水（こんぶすい）だし＝昆布を水に浸して2時間以上おいて旨味を引き出し、その昆布水を加熱して沸騰直前に昆布を取り出す。

冬

## はす根もち挟み揚
### 若布せんべい

上野修三

カラー写真75ページ
エッセイ198ページ

**材料**

れんこん（河内蓮根※1）
餅粉
みじん粉
乾燥ワカメ
すだち

**作り方**

**1** れんこんは皮をむいて摺りおろし、餅粉を加えて弱火で練り込み、はす根餅を作る。

**2** 薄切りにしたれんこんで1を挟み、餅の見える部分（穴）にみじん粉をつけ、揚げる。

**3** 乾燥ワカメを水で湿らせて小麦粉をまぶし、揚げる。

**4** 器に2と3、すだちを盛り合わせ、塩を添える。

## 伊勢海老の味噌煮
### 田辺大根　高山真菜

上野 修

カラー写真76ページ
エッセイ200ページ

**材料**

イセエビ
百合根
きくらげ
白ねぎ
にんじん
湯葉
大根（田辺大根※2）
高山真菜※3

**作り方**

**1** イセエビは尾と胴に分ける。

**2** 胴を吸地で炊き、捌いて、きざんだ百合根、きくらげ、白ねぎ、にんじんとともに湯葉で包む。

**3** 2の吸地に白味噌と田舎味噌を入れ、1の尾と2の湯葉包みを炊く。

**4** 大根は八方煮、高山真菜は塩茹でし、軸の部分を葉で巻いて地漬けして添える。

※1
河内蓮根＝198ページ参照
※2
田辺大根＝196ページ参照
※3
高山真菜＝201ページ参照

上野 修

# 月の輪熊と雪の中の胡葱

笹がき牛蒡　黒胡椒

カラー写真 77ページ
エッセイ 202ページ

**材料**

クマ肉
あさつき（雪の中の胡葱）
ごぼう
黒胡椒

**作り方**

**1** あさつきは合わせだし（鰹と真昆布）に酒、味醂、塩、淡口醤油、濃口醤油、胡麻油で調味したもので炊く。

**2** クマ肉は薄切りにし、1のだしで炊く。

**3** 1と2を椀盛りし、だしをかけ、ささがきごぼうを添え、黒胡椒を挽く。

---

上野 修

# 真鴨の金柑蒸煮

首づると肝の捏ね　野生くれそんの一寸ソテー
タスマニアンマスタード

カラー写真 77ページ
エッセイ 203ページ

**材料**

鴨
山芋
卵白
玉ねぎ
きんかん
クレソン
太白胡麻油

**作り方**

**1** 鴨は捌く。

**2** 首や骨に付いた肉を叩き、山芋、卵白、玉ねぎ、鴨の肝でつくねを作り、フライパンで焼く。

**3** 鴨のガラと真昆布、野菜でだしをとり、酒、みりん、塩、淡口醤油、濃口醤油で調味し、これで上身を蒸し煮にする。

**4** きんかんを蜜煮にし、3のだしに入れ、吉野葛でとろみを付ける。

**5** クレソンは太白胡麻油でさっとソテー（瞬間ソテー）する。

**6** すべてを盛り合わせる。

冬

上野 修

# 白甘鯛の二種挟み焼　共出汁石蓴風味
能勢椎茸　小繊独活　紅芯大根

カラー写真 78ページ
エッセイ 205ページ

**材料**
シロアマダイ
クルマエビ
フグの白子
アオサ
しいたけ（能勢椎茸※1）
うど
紅芯大根

**作り方**
**1** シロアマダイは三枚におろし、身、骨は塩をあてておく。腹の脂はボウルに入れ、オーブンの上に置いて溶かしておく。
**2** クルマエビは塩をして叩き身にし、フグの白子も塩をしておく。
**3** 1の上身は皮のほうから袋包丁※2し、2をそれぞれ詰める。1で溶かしておいた脂を塗り、炭火焼きにする。
**4** 1の中骨は焼き目を付け、真昆布、大根、キャベツの芯とともに煮出してだしをとり、塩、白醤油、酒、みりんで調味し、きざんだアオサとオリーブ油を加え、吉野葛で軽くとろみをつける。
**5** しいたけはオリーブ油を塗って焼き、うどは細切りにし、紅芯大根は撚り大根にする。
**6** 器に4を注ぎ、3と5を盛り込む。

上野 修

# 鮃鰭身の共肝たれ焼
行者大蒜　蕾菜　白髪葱　糸唐辛子

カラー写真 79ページ
エッセイ 206ページ

**材料**
ヒラメ
魚たれ※3
八丁味噌
太白胡麻油
ぎょうじゃにんにく
つぼみ菜
白ねぎ
糸唐辛子

**作り方**
**1** ヒラメはエンガワを身も付けた状態で切り、ヒレは切っておく。
**2** 肝を小さく切り、しっかりと血抜きし、静かに茹でる。
**3** 魚たれに八丁味噌を混ぜ、2を裏漉して加える。割合は、魚たれ5、八丁味噌1、肝2。
**4** 1に太白胡麻油を軽く塗って焼き、八分通り火が通ったら3をかけながら焼く。
**5** ぎょうじゃにんにく、つぼみ菜は太白胡麻油を塗って焼く。
**6** 器に4を盛り、5、白髪ねぎと糸唐辛子を添える。

※1
能勢椎茸＝183ページ参照

※2
袋包丁＝身の厚みに包丁を入れて袋状にする。

※3
魚たれ＝煮切り酒・煮切りみりん各2700cc、砂糖2kg、たまり醤油・濃口醤油各1800ccを合わせる。

上野直哉

# 牡蠣の霙酢
## 花山葵　いくら醤油漬

カラー写真 80ページ
エッセイ 208ページ

**材料**

生カキ（殻付き）
イクラ
花わさび
辛味大根
土佐酢※4
ラディッシュ

**作り方**

1 煮切り酒、濃口醤油、みりん、昆布を合わせた地にイクラを浸けて半日置き、地を切る。
2 花わさびは2cmくらいに切ってざるに入れ、上からたっぷりの熱湯をかけ、熱いうちに素早く蓋つきの瓶に移して、20分程度瓶を振り続ける。
3 2をそのまましばらく置いて冷まし、取り出してよく絞り、だし、淡口醤油、みりんの地に浸けて密閉し、冷蔵庫で1時間以上置く。
4 カキは貝割りで殻を開け身をはずし、殻に戻して器に盛る。
5 水気を軽く絞った辛味大根のおろしに土佐酢を混ぜたものをかけ、1、3、撚りラディッシュを添える。

上野直哉

# 赤貝の造り
## 蕗酢味噌　水菜　雪輪大根
## 紐と茎若布とろろ巻

カラー写真 81ページ
エッセイ 210ページ

**材料**

アカガイ
ふきのとう
生ワカメ
水菜
山の芋
焼き海苔
大根

**作り方**

1 蕗酢味噌を作る。ふきのとうを茹でて冷水に取り、しばらく流水で晒し、よく絞って包丁で細かく刻む。裏漉した田舎味噌１００gに砂糖大さじ4、酢大さじ4、練り芥子適量を加えて田舎酢味噌を作り、さらに羽二重漉しにして、刻んだふきのとうを混ぜ合わせる。
2 アカガイを掃除して身とヒモと肝に分け、肝は茹でておく。
3 ワカメを軸と葉に切り分ける。生ワカメと水菜はそれぞれ、色出し程度にさっと茹でて冷水に取り、ワカメの葉と水菜は、巻き簾で巻いてよく絞る。ワカメの軸は細かく刻み、アカガイのヒモ、肝、山の芋のとろろと一緒に焼き海苔で巻く。
4 3の巻いた水菜を台盛りにし、アカガイの身に鹿の子包丁をしてからまな板に叩きつけて締めたものを盛り、3のとろろ巻と雪輪に剥いた大根や唐草大根を飾り、1の蕗酢味噌を添えて供する。

※4 土佐酢＝だし１８０cc、酢１８０cc、淡口醤油45cc、みりん20cc、砂糖40g、塩4gを火にかけ、沸騰直前に削り鰹6gを入れ、そのまま冷まして漉す。

上野直哉

## 虎魚の丸吸仕立て
散黄韮　鶯菜　梅人参　針生姜

カラー写真82ページ
エッセイ211ページ

**材料**
オコゼ
土生姜
ほうれん草の軸
うぐいす菜
金時にんじん
黄にら

**作り方**
**1** オコゼは三枚におろし、身、頭、中骨、腹骨、肝、胃袋をそれぞれ霜降りをして汚れをよく洗っておく。
**2** 鍋に1と昆布、酒、水、生姜1片を入れて火にかけ、途中アクをすくいながら煮て、アルコール分が飛んだら淡口醤油を加えてしばらく煮る。オコゼの旨味が出てきたら、身と胃袋を取り出し、更に煮詰めて味を調えて漉す。
**3** 漉した煮汁に身と胃袋、肝を入れて冷まし、冷蔵庫で一晩置く。
**4** 3から胃袋を取り出し、端を切って筒状にして、湯がいたほうれん草の軸を詰めて半分に切る。
**5** 3の煮汁と身、肝を鍋に移して温め、身、肝を椀に盛る。4の胃袋、八方煮にしたうぐいす菜、梅にんじんを前盛りにし、黄にらを散らし、煮汁を張る。針生姜を添える。

上野直哉

## 寒蛸と姫路蓮根の小倉煮
蕾菜　針柚子　芥子

カラー写真83ページ
エッセイ213ページ

**材料**
タコ
あずき（丹波黒さや大納言※1）
れんこん（姫路蓮根※2）
つぼみ菜
黄柚子
練り芥子

**作り方**
**1** あずきを水から茹で、しばらく沸騰させたらすぐにざるにあけて水を切っておく。
**2** タコは内臓をとり、おろし大根でよく揉み洗いしてから、霜降りをしてぬめりを取る。大根を使って足を叩いてから胴と足に切り分け、足は一本ずつにしておく。
**3** 鍋に昆布を敷き、2のタコと酒、水、炭酸水、1のあずきを入れて火にかける。
**4** タコがやわらかくなってきたら、れんこんを入れ、砂糖と濃口醤油、みりんを加えて煮含めて、冷ます。
**5** 4のタコを切り分け、れんこん、あずきも必要分を蒸し器で温める。
**6** 5を器に盛り、八方煮のつぼみ菜、針柚子、練り芥子を添える。

※1　丹波黒さや大納言＝215ページ参照
※2　姫路蓮根＝215ページ参照

上野直哉

# 葱と鯨舌の串焼　粉山椒
## 編笠金柑　菊蕪

カラー写真 83ページ
エッセイ 214ページ

**材料**
ねぎ（マチコネギ※3）
クジラのサエズリ
魚たれ※4
粉山椒
かぶら

**作り方**

**1** サエズリを米糠と鷹の爪を加えたたっぷりの水でやわらかくなるまで茹でて流水で晒した後、再び水だけでしばらく茹でて流水で晒す。

**2** 1の水気を拭って皮を取り除き、適当な大きさに切って、ねぎと交互に竹串に刺す。

**3** 2を魚たれを使ってたれ焼きにする。

**4** 器に盛り、粉山椒を振りかけ、編笠煮にした金柑と、菊花かぶらを添える。

※サエズリの皮はおでんだしなどに活用できる。

※3
マチコネギ＝215ページ参照

※4
魚たれ＝酒900cc、みりん900ccを合わせて煮切り、濃口醤油450cc、溜まり醤油450cc、砂糖450gを加え、半量程度になるまで煮詰める。

# あとがきに代えて　㐂川50年の歩み

上野修三

早や半世紀の歳月が流れたというのに、私にゃ一体なにができたのか、彼是《あれこれ》いえることは何も浮かびまへん。当時はまだ、「包丁一本……」歌の文句のように、「板場職人は旅に出ないと一人前やない」なんて風習が残ってましてネ、若こうして父を亡くし、母と妻、三人の兄弟を残して余所《よそ》（府外）に出るわけにゃいかず、止むなく始めた商売でした。いや商売って、どうもベンチャラ（媚《こび》）を売るように見えて嫌でしてねェ。でも遣るしかないと、同じく嫌がる妻と二人で現東心斎橋に小さな小さな『季節料理とお食事処　㐂川』を開店したのは昭和40年2月、雪の降る節分の日でした。私ゃ仕出し屋つとめで開店案内を出せるの

## 浪速割烹　㐂川

［略歴］

昭和40年（1965年）　2月2日、大阪市南区笠屋町6（現中央区東心斎橋）に『季節料理とお食事処　㐂川』を開店。

昭和46年（1971年）　北区曾根崎町、露天神社（お初天神）近くに支店『北店・㐂川』を開店するが三か月後、諸事情から閉店。店長兼料理長は独立開店し、初の独立者となる。

昭和47年（1972年）　南区清水町、本店近くのテナントビルに支店『浪速割烹　㐂川』を開店。輪島塗で幅広のカウンター13席と小座敷の小さな店ながら、家号にはこれまでにない肩書き「浪速割烹」を冠せて、板前割烹だが少々高級な中の大阪らしさを出そうと考えた。

昭和50年（1975年）　南区畳屋町（現中央区東心斎橋）に支店『おおさか料理㐂川』を開店。庶民的で、されど、これ迄にはなかった大衆の割烹店を創造。昭和51年末に店長兼料理長に譲る。独立者第二号。

昭和52年（1977年）　6月3日、南区難波新地（現道頓堀）の法善寺横丁東端の三階建、20坪弱の料理屋『お多福』を購入して全面改装し、移転する。『本店　㐂川』、支店『浪速割烹　㐂川』を一店にまとめ、「一品料理と食事処」は板前割烹として一階で、同じく板前でも「浪速旬膳」としたコース料理は二階で、昼食は、季節弁当、季節の煮込みご飯、芝居弁当、浪速弁当、雑炊各種など。昼夜共にオープンを待ちかねて並ぶ客で……。

昭和53年（1978年）　この頃、東京での若手フレンチ界の料理研究会に続き、大阪・神戸の研究会があったが、日本料理の研究会は聞かず。これでは日本料理の領域が侵されてしまうとの思いから、敢えず好評だったフレンチの技法を少しずつ採り入れることにする。

昭和54年（1979年）　この年代から同業者またはフレンチのシェフがお客さんとして来店することが多くなる。生産業者も多し。

昭和55年（1980年）　創業前から付き合いのあった南区八幡筋の古道具店がテナントビルに建て替えることで入店依頼あり。三階の30坪を借り受けて和洋折衷の『レストランKIGAWA』を始めるが、半年後、支店長兼料理長の急死により止むなく閉店。

昭和56年（1981年）　レストラン閉店後も、未来の日本料理には欧風の才智が必要と、「和魂洋才」の言葉を胸に、新しい料理と大阪の

は少数やし、その誰もが勤務中、夜の仕事ですからねェ、心細い開店でしたなあ。案の定、初日というのに10人も来まへん。でもネ、美味《うま》い料理《もん》作ってたら必ず来てくれると、高《たか》を括《くく》ってたんですなあ。甘かった。四日間、夜中12時にも一人も来まへん。でもお茶挽き（客無し）は嫌だと妻と二人、待ちに待った早朝3時に、やっと若いお二人さん！神さんに見えましたな。ところがお二人さん、食事だけで7時まで……深夜営業の店と思いはったのかな。

　無愛想な分を何とかせねばと、「季節ご飯（炊き込みご飯）」、「鰯ずし」、「雑炊」などの色紙を玄関に貼って暫く経つと、ポツリポツリと食事目当てのお客さん。手に週刊誌を持ってはるので尋《た》んねたら、何と『㐂川』のコラムが載ってましてネ、言われてみたら、食べながらメモってるお人がありましたナ。それから別の誌やら新聞にも取り上げられましてネ、何だか私の代りにＰＲしてくれてはる。嬉しゅうおましたナ。三年目、お隣の小さい酒場を譲り受けて、「今度こそ一品料理を……」って。写真はその頃の料理を再現したんですがネ、これらを巻き紙に筆書きして

昭和60年（1985年）　「始末」の心を大切にした新しい「料理の発表試食会」をたびたび開く。

平成3年（1993年）　千葉県佐倉市にできた「国立民族歴史博物館」に『㐂川』の店舗外観が原寸で復元展示される。
5月、南区坂町の旅館「上方」がテナントビルに変り、地下一階を借り受け、とうふ割烹『美な味　㐂川』を開店するが客足は伸びず。平成6年に閉店。

平成7年（1995年）　『美な味　㐂川』開店の年より立て替えにかかっていた天王寺区伶人町の我が家を店舗としての設計に変えて、予約のみの営業を細々と続けていたが、この年より初代・上野修三が調理場に入ることが多くなる。法善寺の店と掛け持ちであるが本店の店主は長男の修であり、『㐂川』の核は法善寺の本店である。一方、伶人町の『天神坂　上野』に上野修三が腰を据えたのは60歳で、これより10年間のみ営業の予定。カウンターは漆塗ならぬピアノ塗装で、板前の席では包丁技でなく、煮る・焼くなどの「烹」の部分を臨場感と共に味わって頂くことにした。

平成10年（1998年）　法善寺の本店は、店主は二代目に代ったことと、バブル崩壊の影響も残り経営は低迷気味であったが、この頃より二代目目当ての客筋が増えて、再び安定してくる。

平成11年（1999年）　『天神坂　上野』では、大阪の良質野菜を集め、大阪人好みの魚介と合わせた「浪速魚菜を食べよう会」（試食会、後にＮＰＯ法人「浪速魚菜の会」）を始める（現会長は、笹井良隆氏）。

平成13年（2001年）　『天神坂　上野』では一階の座敷席での営業を取り止め、一階カウンター12席を8席に縮少して高級化を計り、好評を得る。

平成15年（2003年）　12月、毎日放送『魔法のレストラン「百人の料理人」』にて上野修三の半生記を放映。この時、妻芳子は脳腫瘍と診断され、その後を考えた末、放映時に来る3月をもって閉店と告げる。

平成16年（2004年）　3月、『天神坂　上野』閉店。10年の計画が9年余りの営業に終る。上野修三は社長の席に在るが、実質は相談役。専務の長男、上野修が『浪速割烹　㐂川』の顔となり。客筋は大方が二代目贔屓となって経営は安定する。妻芳子の手術は成功。この秋、次男の直哉が神戸にて独立。

平成26年（2014年）　有限会社㐂川は、正式に上野修三が代表取締役を引退し、上野修が取締役社長に就任する。

平成27年（2015年）　2月2日をもって「浪速割烹　㐂川」は、創業50周年を迎え、現在に至る。

目板鰈の空揚

魚肉は骨からはずして食べ易く（写真上）
骨の空揚げの上にお造りを舟盛りに（写真下）

精進炊き

高野豆腐、冬子椎茸、蕨・干瓢巻、
巻き湯葉、千石いんげん、木の芽

たんですが、品書き表だけでは理解できるお人は少なかったので、「よろしければ三品ほど敢ずおまかせを……」って訳で、「おまかせ三菜」として、それはお造り、煮たもの、焼きまたは揚げたものの三品を取り合わせたセットを提案すると案外受けがよろしおました。

写真の一品料理、えらいボリュームでおますやろ。昔の大食の名残ですねん。目板鰈の空揚も、揚げ出し形式から天露は別に、それからポン酢へ。食べ易いように揚げた魚肉を骨からはずしてすべて食べられるようにしたもの、骨だけ空揚げにした上に魚肉はお造りにして舟盛りした自己流。鯛の骨から掻き取った魚肉をポテトコロッケにした親方の料理を鮑の殻に詰めて「和風コロッケ」なんて今更恥ずかしいけどネ。

昭和45年の万博からバブル景気で日本の食卓は欧風化が進み、これでは日本料理の座が危うい、これを取り戻す法は?と考えたんが、これまでの「和魂漢才」に対する「和魂洋才」の言葉やったけど、洋の才知を和に変えるってむずかしい。

日本料理の料り手はん、あんじょうたのんます。

鯛の宿借コロッケ

ポテトとベシャメル、玉葱、セロリと鯛を鮑の殻に詰めたコロッケをケチャップソースで

甘鯛《ぐじ》にゅう麺

そうめんに甘鯛塩焼、錦糸卵、椎茸、糸葱、旨出汁と七味唐辛子

著者プロフィール

## 上野修三《うえのしゅうぞう》

1935年、大阪府河内長野市滝畑生まれ。

1951年、大阪市中央区の仕出し店「川喜」で修業。1955年、21歳で結婚式場「照井会館」の料理長に就任。婚礼料理、宴会料理を手掛けた後、「川喜」に戻り、料理長を務める。1965年、30歳で大阪市南区（現中央区）に「季節料理とお食事処　㐂川」を独立開店。北区、南区に3店の支店を立ち上げるが、1977年、これらを集約した「浪速割烹　㐂川」を法善寺横丁に開店。その後、南区に「レストランＫＩＧＡＷＡ」、とうふ割烹「美な味　㐂川」を出店するも間もなく閉店。法善寺横丁の本店を長男に託し、天王寺区伶人町に「天神坂　上野」を開店。小店ながら高級割烹として営業し2004年、閉店。包丁を置いた現在は、大阪の伝統野菜を、また、食文化を讃える勉強会や随筆を続ける毎日。著書に『口福耳福—なにわ味噺』『創味なにわ旬菜（春夏篇・秋冬篇）』『酒肴—日本料理』（道場六三郎氏と共著）『前菜—日本料理』（共著）『美味の秘密—なにわ旬膳』『季節のご飯とご飯がわり—お米をおいしく食べるために』『八十八種　魚を使いつくす』（浪速割烹㐂川の会と共著）（以上柴田書店）、『なにわ野菜—割烹指南』（クリエテ関西）、『なにわ大阪　食べものがたり』『なにわ料理一代』（以上創元社）、『浪速のご馳走帖』（世界文化社）ほか。

## 上野修《うえのおさむ》

1961年、大阪市に上野修三の長男として生まれる。料理の道へ進み、1981年、「志摩観光ホテル」に入社、当時の料理長・高橋忠之氏のもとでフランス料理を修業。1985年、大阪に戻り「浪速割烹　㐂川」に入社。1995年、「天神坂上野」開店に伴い父より店を継承し「浪速割烹　㐂川」二代目店主に就任。著書に『割烹うまいもん　酒菜、酒肴、旬菜いろいろ』（柴田書店）。

### 浪速割烹　㐂川

大阪府大阪市中央区道頓堀1-7-7
電話　06-6211-4736・3030

# 上野直哉《うえのなおや》

1970年、大阪市に上野修三の次男として生まれる。1989年、京都「露庵菊乃井」に入社、村田吉弘氏に師事。1995年、「浪速割烹　㐂川」に入社、「天神坂上野」にて父・上野修三に師事。2004年、「玄斎」を独立開店。著書に『四季を和える　割烹の和えものの展開』(旭屋出版)。

## 玄斎

兵庫県神戸市中央区中山手通4-16-14
電話　078-221-8851

2015年7月、「㐂川」にて

# 割烹　旬ごよみ

発行日　2015年 12月 11日 初版発行

著　者　上野《うえの》修三《しゅうぞう》　上野《うえの》修《おさむ》　上野《うえの》直哉《なおや》

発行者　早嶋 茂
制作者　永瀬正人

発行所　株式会社 旭屋出版
〒107-0052
東京都港区赤坂1-7-19 キャピタル赤坂ビル8階
郵便振替 00150-1-19572
TEL　03-3560-9065（販売）
03-3560-9066（編集）
FAX　03-3560-9071（販売）
03-3560-9073（編集）
URL　http://www.asahiya-jp.com
印刷・製本　大日本印刷株式会社

撮影
南都礼子

デザイン
宮下郁子（らいむす企画）

編集
節丸元子（らいむす企画）


ISBN978-4-7511-1171-0 C2077